U0142773

圖解

五南圖書出版公司 印行

產業分析

第三版

朱延智 博士 著

圖解系列

閱讀文字

理解內容

觀看圖表

自序

　　產業為什麼要分析？誰應該來分析產業？若沒有認清這兩個重要議題，所進行的產業分析，很可能都是花了力氣，卻又不知為何而「戰」？

　　產業若沒有分析，政府的產業政策，就如盲人騎瞎馬，一樣的危險！產業若沒有分析，企業的轉型、研發、創新與競爭策略，如何能搭配企業發展的目標？產業若沒有分析，投資人的投資方向與標的，就如同賭博一樣，毫無確據，所以產業一定要分析！也由此可知，產業分析的主體，主要可分為三大類型，一是政府，二是企業，三是投資人。

　　產業分析必須以未來經營環境為主要的考量，而經營環境唯一不變的，就是變；唯一確定的，就是不確定的。在變與不確定的大環境中，有沒有什麼可以作為未來變遷中的參考依據？我覺得有，那就是聖經。聖經對於未來的趨勢，說得很清楚，這些趨勢包括：「地震、飢荒、瘟疫、國與國衝突，以及民與民衝突」，「專顧自己、貪愛錢財」。大地震如日本311、臺灣921；由於氣候激烈變遷，所帶來雨水分布的不均，土地的沙化，因此可能造成全球糧食不足，甚至飢荒，而一個飢荒的地方，產業要如何發展？曾出現的SARS病毒，目前風聲鶴唳的伊波拉病毒，這些瘟疫的病毒一旦擴大，對產業的傷害，難以估量！至於國與國的衝突，在歐洲主要是因烏克蘭的問題，而使俄國與歐盟衝突升高；在亞洲則是衰落的美國霸權和崛起中國的爭霸戰，同時又因領土或島嶼主權，而有濃濃的炮火硝煙味，中東就更不用說了！此外，因種族、權力和意識形態，而撕裂一個又一個的國家，這是不是「民與民衝突」呢？頂新的黑心油、餿水油及病死豬油的缺德事件，以及各產業因貪婪而便宜行事，這是不是又恰好說明，「專顧自己、貪愛錢財」！

　　聖經所指出的趨勢，已越來越明顯，而且都會衝擊產業！所以政府、企業及投資人，在擬定產業政策，企業在進行研發、創新、轉型與競爭策略，投資人在選擇投資標的時，都應該納入考量！

　　本書要感謝家嵐的熱誠與負責，以及老朋友毓芬的大力幫忙，沒有她們，這本書是出不來的！所以在此特別表達我的敬意與謝意！當然個人才疏學淺，寫時又匆忙，疏漏與錯誤之處，必然是有的，因此也懇請學界及業界前輩，不吝給予指教！

朱延智
yjju@mdu.edu.tw

I

本書目錄

自序   I

第1篇 產業概論

第1章 產業分析概論

Unit 1-1	產業的定義	004
Unit 1-2	產業的分類	006
Unit 1-3	政府對產業的分類	008
Unit 1-4	產業分析意義、目的、重要性、功能	010
Unit 1-5	產業分析用途	012
Unit 1-6	產業分析的步驟	014
Unit 1-7	產業結構實力	016
Unit 1-8	產業競爭力	018

第2章 臺灣產業變遷史

Unit 2-1	荷蘭時期的臺灣產業	022
Unit 2-2	鄭成功時期的臺灣產業	024
Unit 2-3	清朝的臺灣產業	026
Unit 2-4	日治時期的臺灣產業	028
Unit 2-5	中華民國產業政策主軸	030
Unit 2-6	民國40年代的臺灣產業	032
Unit 2-7	民國50年代的臺灣產業	034
Unit 2-8	民國60年代至70年代中期的臺灣產業	036
Unit 2-9	民國70年代後期至80年代的臺灣產業Part I	038
Unit 2-10	民國70年代後期至80年代的臺灣產業Part II	040

Unit 2-11　民國90年代迄今的臺灣產業　042

第2篇　產業分析途徑與角度

第3章　產業分析途徑

Unit 3-1　產業生命周期理論　048
Unit 3-2　SCP模型　050
Unit 3-3　SWOT分析法　052
Unit 3-4　BCG模式　054
Unit 3-5　微笑曲線　056
Unit 3-6　五力分析　058
Unit 3-7　GE模式　060
Unit 3-8　產業價值鏈　062
Unit 3-9　產業關鍵成功因素　064
Unit 3-10　產業結構與競爭分析　066
Unit 3-11　鑽石模型理論　068
Unit 3-12　產業群聚　070
Unit 3-13　產業群聚的優勢與實踐　072

第4章　投資人的產業分析

Unit 4-1　股票投資產業分析　076
Unit 4-2　個股投資的產業分析　078
Unit 4-3　產業特性　080
Unit 4-4　投資產業型基金原則　082
Unit 4-5　創業時的產業分析選擇　084

本書目錄

第3篇　產業發展與轉型

第5章　產業發展理論

Unit 5-1	產業發展元素	090
Unit 5-2	影響產業發展的大關鍵	092
Unit 5-3	產業經營環境的大趨勢	094
Unit 5-4	全球產業發展趨勢	096
Unit 5-5	產業發展需要資金	098
Unit 5-6	併購	100
Unit 5-7	發展品牌	102
Unit 5-8	產業經營環境	104
Unit 5-9	臺灣產業發展策略	106
Unit 5-10	產業努力的方向與配套	108
Unit 5-11	服務業發展方向	110

第6章　產業結構與標準

Unit 6-1	產業結構 —— 市場競爭角度	114
Unit 6-2	產業結構 —— 互賴角度	116
Unit 6-3	產業疆界變化原因	118
Unit 6-4	產業實力	120
Unit 6-5	產業控制力	122
Unit 6-6	產業標準	124
Unit 6-7	產業標準化優點	126
Unit 6-8	產業標準的形成 —— 政府	128
Unit 6-9	產業標準的位階	130

第 **7** 章　產業發展 —— 創新、倫理、國際化

Unit 7-1	研發創新	134
Unit 7-2	創新種類	136
Unit 7-3	創新指標	138
Unit 7-4	創新策略	140
Unit 7-5	服務創新	142
Unit 7-6	產業倫理道德重要性	144
Unit 7-7	第一級產業倫理	146
Unit 7-8	第二級產業倫理	148
Unit 7-9	第三級產業倫理	150
Unit 7-10	產業國際化	152
Unit 7-11	產業貿易	154

第 **8** 章　產業危機管理能力

Unit 8-1	產業危機管理能力	158
Unit 8-2	「產業痛苦指數」意義、目的、效用、指標	160
Unit 8-3	「產業痛苦指數」——市場有效需求指標分析	162
Unit 8-4	「產業痛苦指數」——產業競爭力指標分析	164
Unit 8-5	「產業痛苦指數」——產業獲利率與市場占有率指標分析	166
Unit 8-6	「產業痛苦指數」——基礎結構	168
Unit 8-7	「產業痛苦指數」——整體結構	170

第 **9** 章　產業轉型

Unit 9-1	產業轉型原因	174
Unit 9-2	產業轉型	176
Unit 9-3	產業轉型戰略	178

本書目錄

Unit 9-4　產業轉型需要什麼？　180

Unit 9-5　產業轉型案例　182

第10章　產業政策

Unit 10-1　產業政策意義　186

Unit 10-2　產業政策的理論基礎　188

Unit 10-3　政府的產業角色　190

Unit 10-4　政府產業政策的影響力　192

Unit 10-5　產業政策的工具　194

Unit 10-6　產業類型與策略　196

Unit 10-7　產業政策的評量　198

Unit 10-8　產業損害與救濟制度　200

Unit 10-9　各國產業政策特色　202

第4篇　產業實務

第11章　傳統產業

Unit 11-1　機械產業　208

Unit 11-2　機械產業設備發展　210

Unit 11-3　汽車產業　212

Unit 11-4　紡織產業　214

Unit 11-5　鋼鐵產業　216

Unit 11-6　石油化學產業　218

Unit 11-7　醫藥產業　220

Unit 11-8　觀光產業　222

第12章 高科技產業

Unit 12-1	高科技產業定義與特質	226
Unit 12-2	雲端產業簡介	228
Unit 12-3	雲端產業SWOT分析	230
Unit 12-4	雲端產業發展策略	232
Unit 12-5	3D列印（3D Printing）科技與產業	234
Unit 12-6	3D列印特點	236
Unit 12-7	3D列印SWOT	238
Unit 12-8	機器人產業	240
Unit 12-9	無人機產業	242
Unit 12-10	生物科技產業	244
Unit 12-11	物聯網產業	246
Unit 12-12	人工智慧產業	248

第1篇

產業概論

第1章　產業分析概論

第2章　臺灣產業變遷史

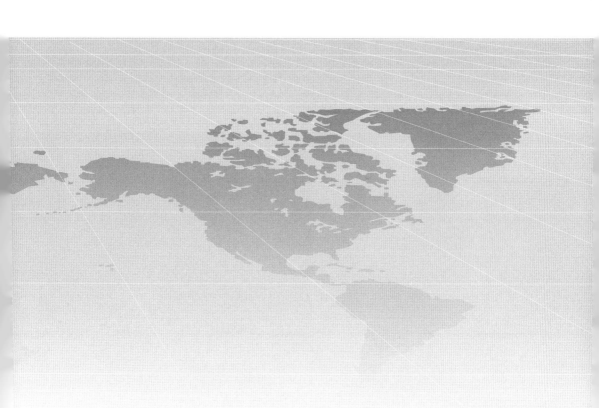

第 1 章
產業分析概論

●●●●●●●●●●●●●●●●●●●●●●● ● 章節體系架構 ▼

Unit 1-1 產業的定義

Unit 1-2 產業的分類

Unit 1-3 政府對產業的分類

Unit 1-4 產業分析意義、目的、重要性、功能

Unit 1-5 產業分析用途

Unit 1-6 產業分析的步驟

Unit 1-7 產業結構實力

Unit 1-8 產業競爭力

Unit **1-1**
產業的定義

一般所謂的「產業」（industry），就是一群生產相同或類似的產品，而且具有高度替代性產品，來銷售給顧客的廠商集合體，例如：光電業、汽車業及資訊業等。

一、產業的定義

（一）Kotler（1976）：產業是由一群提供類似，且可相互替代的產品或服務之公司，所共同組成的。

（二）William（1979）：產業就是市場，即供給和需求雙方，在從事買賣交易某種產品行為的團體，市場內的產品，具有一致性或是可互相替換的。

學者	年代	定義
Kotler	1976	產業是由一群提供類似，且可相互代替的產品或服務之公司，所組合而成的。
William G. Shepherd	1979	產業就是市場，即供給和需求雙方，在從事買賣交易某種產品行為的團體。
Porter	1985	產業就是一群生產相同或類似的產品，而且具有高度替代性產品，來銷售給顧客的廠商。
吳思華	1988	產業通常指從事製造的行業，也就是指從事經濟活動的獨立部門，而且是以場所為單位，以作為行業分類的基礎。
林建山	1991	依需求面而言：一群生產具有相互密切競爭關係的企業群。若依供給面而言：凡是採用類似生產技術，所有相關廠商的群體。
余朝權	1994	產業是指正在從事類似經營活動的一群企業總稱。

三、麥克‧波特（Michael E. Porter）產業環境特性分類

美國哈佛大學教授麥克‧波特，根據產業環境特性，將產業分為以下五大類：

(一) 分散型產業：是一個競爭廠商很多的環境，在此產業中，沒有一個廠商有足夠的市場占有率去影響整個產業的變化，在此產業大部分為私人擁有之中小企業。

(二) 新興產業：是指一個剛剛成形，或因技術創新、相對成本關係轉變、消費者出現新需求，或經濟、社會的改變，而導致轉型的產業。

(三) 變遷產業：產業經過快速成長期進入比較緩和成長期，稱之為成熟性產業，但可經由創新或其他方式促使產業內部廠商繼續成長而加以延緩。

(四) 衰退產業：凡連續在一段相當長的時間內，單位銷售額呈現絕對下跌走勢的產業，而產業的衰退，卻不能歸咎於營業周期、或其他短期的不連續現象。

(五) 全球性產業：競爭者的策略地位，在主要地理區域或國際市場，都受其整體全球地位根本影響。

產業定義

Kotler

一群提供類似產品或服務，且可相互替代的公司

William G. Shepherd

買賣雙方交易某種產品行為的團體

Porter

與Kotler類似

吳思華

以場所為單位，為行業的基礎

林建山

採用類似生產技術，所有相關廠商的群體

余朝權

從事類似經營活動的企業總稱

產業定義

麥克·波特

| 分散型產業 | 新興型產業 | 變遷型產業 | 衰退型產業 | 全球性產業 |

Unit 1-2
產業的分類

產業可以按不同的變數加以區分，譬如資源密集程度、產業的特性、政府的產業分類等，以下針對這些不同類別的變數加以分類並說明。

一、資源密集程度分類

資源按密集程度分類，可以把產業劃分為，勞力密集產業、資本密集產業和技術密集產業。

(一) 勞力密集產業（Labor Intensive Industry）：是指一個產業在進行生產活動時，所需要的勞動人力，遠超過技術和資本的投入。

(二) 資本密集產業（Capital Intensive Industry）：是指一個產業在進行生產活動時，需要資本設備的程度，大於需要勞動人力的程度時，則稱為資本密集產業。

(三) 技術密集產業（Technology Intensive Industry）：又稱知識密集型產業，這是需用複雜先進而又尖端的科學技術，才能進行工作生產與服務。

二、產業特性分類

第一級產業是農業，第二級產業是工業，第三級產業是服務業。

(一) 第一級產業：在各種經濟活動裡，可直接取自天然資源或利用天然資源來培育生產者，稱為第一級產業。可分為「農、林、漁、牧業」及「礦業及土石採取業」。

(二) 第二級產業：由第一級產業所生產的產品，包括直接使用及必須經過加工製造，配送至市場銷售，亦稱為工業或製造業活動。可分為製造業、電力／水源及燃氣供應業、汙染整治業及營造業。

(三) 第三級產業：產品製造包裝完成後，必須透過運輸、批發、零售的過程才可以送達消費者的手上。而零售、批發稱為商業；其運輸、倉儲、金融保險、教育業、休閒娛樂及醫療服務等稱為服務業；另包括住宿及餐飲業、資訊及通訊傳播業、不動產業等，這些產業合稱為第三級產業。

三、產業特徵分類

(一) 如重工業、輕工業。
(二) 如資本密集、勞力密集產業。
(三) 如高科技、技術密集產業。

產業分類（資源密集度）

勞力密集產業

資本密集產業

技術密集產業

產業特性分類

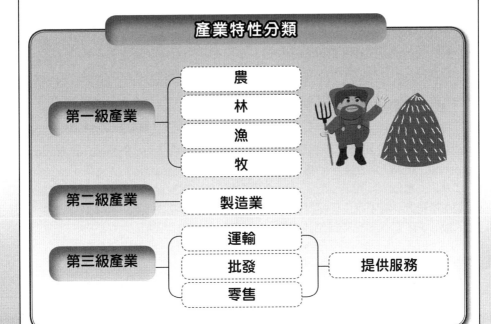

第一級產業	農
	林
	漁
	牧
第二級產業	製造業
第三級產業	運輸
	批發 — 提供服務
	零售

產業特徵分類

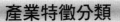

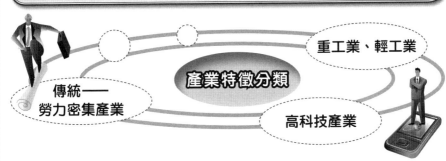

重工業、輕工業

產業特徵分類

傳統——勞力密集產業

高科技產業

Unit 1-3
政府對產業的分類

一、產業標準分類

　　「行業」一詞係指經濟活動部門的種類，包括從事生產各種有形商品，與提供各種服務的經濟活動在內。

二、我國產業標準分類

　　我國產業標準分類，係參酌聯合國國際行業標準分類編訂，建立分類之原則相同。分類的主要考量，包括：
　　(一) 生產之投入、製程及技術。
　　(二) 生產商品與提供服務之特性。
　　(三) 商品與服務之用途。

三、我國產業標準分類之單位

　　國際上，一般以場所單位（establishment），作為行業標準分類之分類基礎。所謂場所單位是依2008年版，聯合國國民經濟會計制度（the System of National Accounts, 2008）的定義，是指位在一個地點（single location）之企業（enterprise）或其分支單位，且從事一種或一種以上經濟活動之經濟實體；為利分析生產活動及編製生產統計，場所單位要能提供銷售商品，及提供服務之收入、各項成本費用、員工人數、資產運用，及其他有關經濟活動之資料。

四、政府對產業的分類

　　就民國100年3月行政院針對「中華民國行業標準」，所進行的分類，此處所謂的行業，是指經濟活動部門的種類。本次行業標準分類修訂，共分為19大類、89中類、254小類、551細類。

　　就其大類來說，第一大類是農、林、漁、牧業；第二大類是礦業及土石採取業；第三大類是製造業；第四大類是電力及燃氣供應業；第五大類是用水供應及汙染整治業；第六大類是營造業；第七大類是批發及零售業；第八大類是運輸及倉儲業；第九大類是住宿及餐飲業；第十大類是資訊及通訊傳播業；第十一大類是金融及保險業；第十二大類是不動產業；第十三大類是專業、科學及技術服務業；第十四大類是支援服務業；第十五大類是公共行政及國防、強制性社會安全；第十六大類是教育服務業；第十七大類是醫療保健及社會工作服務業；第十八大類是藝術、娛樂及休閒服務業；第十九大類是其他服務業。

產業分類考量

生產之投入、製程、技術

商品或服務特性

商品或服務用途

政府對產業分類

第一大類	⇨	農、林、漁、牧
第二大類	⇨	礦業
第三大類	⇨	製造業
第四大類	⇨	電力、燃氣業
第五大類	⇨	用水及汙染整治
第六大類	⇨	營造業
第七大類	⇨	批發、零售業
第八大類	⇨	運輸、倉儲業
第九大類	⇨	住宿、餐飲業
第十大類	⇨	資訊、通訊業
第十一大類	⇨	金融及保險業
第十二大類	⇨	不動產業
第十三大類	⇨	科技服務業
第十四大類	⇨	支援服務業
第十五大類	⇨	國防業
第十六大類	⇨	教育服務業
第十七大類	⇨	醫療保健業
第十八大類	⇨	休閒娛樂產業
第十九大類	⇨	其他

Unit **1-4**
產業分析意義、目的、重要性、功能

一、產業分析（Industry Analysis）的意義

產業分析具有兩項重要的意涵，如下：

(一) 是對企業所身處的產業進行研究，協助企業對提供相似產品或服務的競爭者，及其相關上下游供應鏈（原材料、零組件、生產設備），與需求鏈（各級通路、最終顧客）的分析，進行相關的研究。

(二) 指對某一特定產業之結構（structure）、產業中廠商間的行為（conduct）、廠商間的競爭情況及產業績效（performance）相關的分析與瞭解。

二、產業分析基本目的

產業分析最主要就是需要瞭解產業現況，獲得產業關鍵成功因素以及產業獲利能力，進而發現自我優勢，決定競爭策略。Aaker（1984）認為產業分析有兩個基本目的，第一個目的在分析產業，對於現在及潛在相關產業是否有足夠吸引力，也就是產業獲利的潛力，可以用企業的長期投資報酬率來表示。第二個目的是在認清一個產業的「關鍵成功因素」，即在該產業存活最重要的競爭能力或競爭資產。

三、產業分析的重要性

現今市場瞬息萬變，產業分析與研判能力，已成為企業最高階的管理能力。因為一旦錯判趨勢，企業很可能就跌入萬丈深淵。根據工研院的一項調查顯示，在所有研發管理職能中，「分析產業與市場趨勢」，被科技研發主管評選為重要性第一名。

四、產業分析的功能

整體而言，產業分析的主要功能，在於以下五點：

(一) **企業特定決策輔助**：可藉由產業分析的結果，研判本身與競爭者的實力消長，以協助企業擬定最佳化的營運策略。

1.知彼：才能夠有效掌握敵人的現況，並判斷敵人未來的可能行動。

2.知己：能夠思考如何以本身有限的實力，來因應對手的行動而擊敗對方。

(二) **企業長期策略規劃之參考依據**：協助組織瞭解產業技術變化與市場特性，作為企業年度計畫的參考。

(三) 掌握顧客需求的變遷，以及投資者的相關投資評估。

(四) 確認具吸引力的新技術，及時投入資源進行研展開發。

(五) 讓公司產生預警，並及早採取因應措施：發覺可能的潛在競爭威脅，包括新標準、新技術、新製程、新材料與新競爭者。

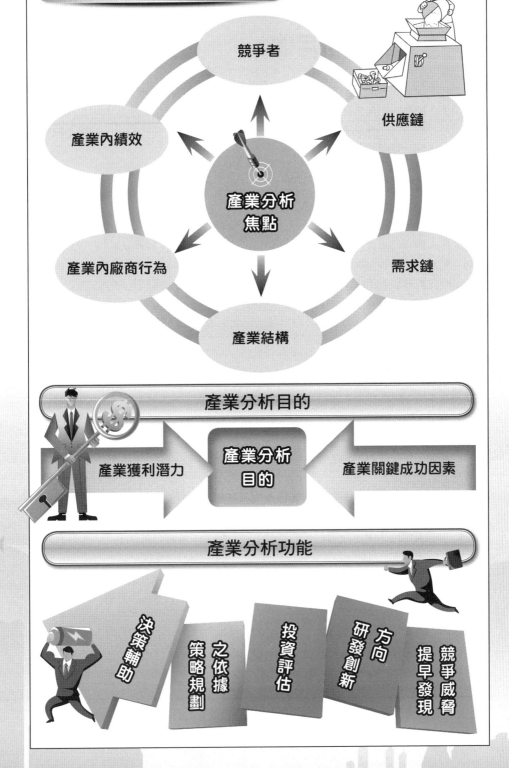

產業分析焦點

競爭者

供應鏈

產業內績效

產業分析
焦點

需求鏈

產業內廠商行為

產業結構

產業分析目的

產業獲利潛力

產業分析
目的

產業關鍵成功因素

產業分析功能

決策輔助

策略規劃之依據

投資評估

研發創新方向

競爭威脅提早發現

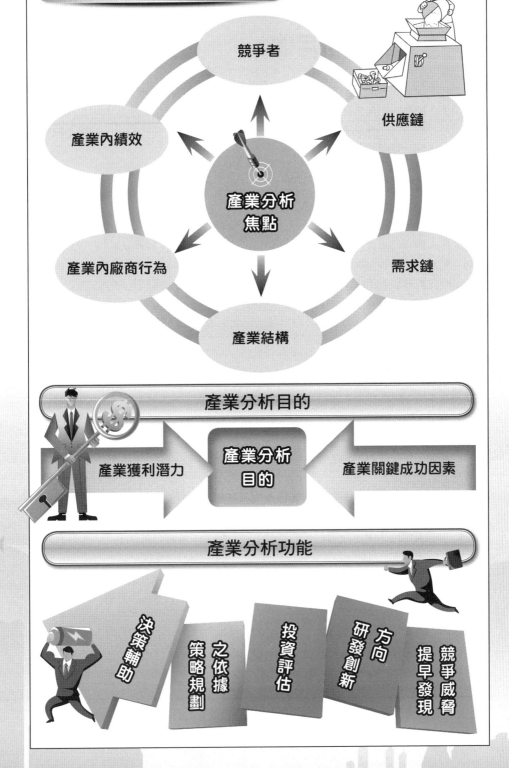

Unit **1-5**
產業分析用途

　　國內企業越來越重視員工產業分析的能力，以提升對企業經營決策（營運決策、投資決策、成長決策等）的正確性，所以近年來，產業分析能力已成為中高階主管、行銷策略規劃人員必備的基本能力。尤其產業有上、下游之間的關係，如果不瞭解產業內的供應鏈，就會有見樹不見林之憾。

一、「產業分析」的角度

　　(一) 政府制定產業相關政策的角度。

　　(二) 企業從事轉型的角度：大型企業在積極尋找併購與轉投資機會下，也需透過產業分析來尋找投資標的。因此，產業分析能力並不是只有研究機構，或是在證券、投信、銀行、創投等金融機構裡專職的產業分析師才必須具備。事實上，許多大型企業對產業分析及技術預測能力，也有高度的需求。

　　(三) 投資人營利的角度：產業分析能力之於投資人，就像嗅覺對人的重要性，具備產業分析能力，才能為投資人找到正確獲利的方向。

二、分析產業所需的核心技能

　　包括邏輯分析、創意及思考能力、判斷資訊情報的真偽力、產業知識力、產業與市場的洞察力、知識管理力與產業影響力等七大項。

三、「產業分析」的取向

　　「產業分析」具有四種重要的取向，一是未來取向、二是利益取向、三是競爭取向、四是環境取向。

　　(一) 未來取向：無論是從政府扶植產業、企業轉型，或投資者的角度，最該關心的，就是大環境將如何改變、產業該怎麼調整走向。

　　(二) 利益取向：對產業有利才能繼續生存與發展，無利則難以生存，所以在產業分析時，利益取向不可缺。

　　(三) 競爭取向：全球化時代就是競爭激烈的時代，產業內與產業外，都會有其威脅與競爭者。產業有沒有競爭力，關係產業的獲利與存亡。所以競爭廠商之間，相對的優勢與弱點、市場占有率、顧客忠誠度，以及競爭的強烈程度，都是產業分析的重點。

　　(四) 環境取向：環境是產業生存的土壤，也就是說，任何產業幾乎都是存在於一個開放系統，因此它會受到上、下游及相鄰產業的影響。環境若變，產業就會改變。所以在產業分析時，必然要分析產業經營的大環境。

產業分析角度

政府制定或輔導產業角度

企業發展或轉型

投資人

產業核心技能

產業核心技能

- 邏輯分析
- 創意及思考能力
- 判斷資訊情報
- 產業知識力
- 產業與市場洞察力
- 知識管理力
- 產業影響力

產業分析取向

產業分析取向

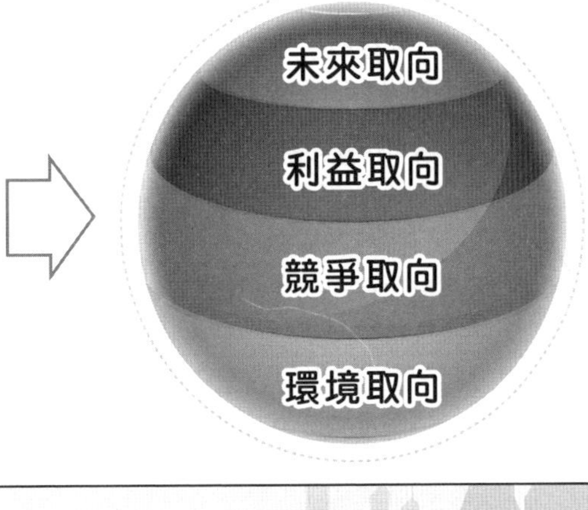

未來取向

利益取向

競爭取向

環境取向

Unit 1-6
產業分析的步驟

藉助正確的產業分析，瞭解該產業內各種相互作用的力量，並據以判斷各項投資與產品開發，才能勝其先勝。

產業分析有下列幾個步驟：

(一) 產業定義說明：
包括產業廣義與狹義之定義。

(二) 市場區隔：
將整個產業所涵蓋之市場，區分出不同範疇，以利於後續探討與分析。產業分析之市場區隔，就是將產業中具有類似的、同質的產品群體，加以區隔分類，以便針對某種產業，進行對焦（focus）分析，才不至於使分析範圍過度發散或混淆，致使分析結果無效。

1.找出市場區隔變數：依功能、尺寸、用途等作為市場區隔之分類，例如：汽車市場，可區分為客車與貨車、大客車與小客車、特種車與一般車等。

2.確認市場所在：市場大致可區分為消費者市場、組織市場。組織市場又可區分為生產者市場、轉售市場、政府市場、機構市場。

(三) 產業現況：
1.產業結構分析：包括上、中、下游關係，完全競爭市場、寡頭、獨占。
2.水平分工或垂直整合狀況。
3.產業價值鏈描述。
4.產品應用層面說明。
5.市場規模。
6.產值。
7.勞動人數。
8.市場範圍。

(四) 產業SWOT分析：
尤其重視產業在資源、基礎建設、市場、技術方面的競爭條件。

(五) 產業未來發展趨勢：
國際產業發展有五大趨勢：
1.綠色經濟將蔚為風尚；
2.服務業重要性將與日俱增；
3.網路科技將持續延燒，並深入各個產業；
4.雲端與大數據的應用，將為產業帶來革命性的變革；
5.隨著自由貿易協定廣泛簽署，以及尖端科技的發展，企業全球化的速度，更加盛行。

產業分析步驟

5.
產業未來
發展趨勢

4.產業SWOT
分析與策略

3.產業現況

2.市場區隔

1.產業定義

產業現況

產業結構分析

市場範圍

水平分工或垂直整合

勞動人數

產業
現況

產業價值鏈描述

產值

產品應用層面說明

市場規模

Unit **1-7**
產業結構實力

一、產業實力

產業的實力，取決於以下九大方面：

(一) 人力素質來源：高素質與高生產力勞動者，有助企業達成創新目標；

(二) 製程技術能力；

(三) 成本結構；

(四) 資金調度能力；

(五) 良率穩定度；

(六) 產品研發能力；

(七) 智慧財產權強弱；

(八) 策略聯盟；

(九) 創新與應用能力。

二、產業發展能力

(一) 上、中、下游合作程度：若上、中、下游的廠商關係越密切，則在分工體系上，就越能爭取到較高的附加價值。要檢視產業上、下游的關聯，可以利用魚骨圖來分析產業關係，而魚骨圖通常使用四種分析要素來探討，分別為人員（man）、方法（method）、材料（materials）、設備（machines），總稱為4M。

(二) 產業競爭度：若產業競爭越強烈，就越能夠使產業內部提升產業的競爭力。

(三) 產品品質與市場接受度：提升產品附加價值、品質，對於產業來說，是發展的重要之路。具有高度競爭力的產業，一般皆會以上述兩項目標來努力。

(四) 產品商業化的能力：設計一個新的產品，目標就是把產品商業化。商業化越成功，就越能夠存活在競爭的環境中，而且機率也相對較高。

(五) 政府相關政策：1.汙染程度低；2.低能源耗用；3.市場潛力大；4.高附加價值；5.技術密集度高。

(六) 技術突破使產業不斷升級：政府介入產業發展過程，可以分為兩大類，一是「主體性創新」，二是「漸進增值性創新」。產業努力的方向，大體來說，屬於「漸進增值性創新」，「漸進增值性創新」使原有的產品及製程進行改善，主要內容是降低生產成本，其次才是系統內部創新。會有這樣的改善及創新通常是出現在競爭非常激烈的產業，因為唯有不斷進步，才能使產業持續經營下去。

(七) 產業整體環境：產業要順利發展靠的是資金、技術以及人才，還包括產業外部環境，例如：國家的經濟、貿易、金融與稅務制度。

(八) 產業內競爭強度：產業內相互競爭力越大，就越能夠成為激發產業降低成本或創新的動力，以達到產業持續發展。

產業實力

資金調度能力

成本結構

製程技術能力

智權強弱

人力素質

產品研發能力

良率穩定度

創新與應用能力

策略聯盟

產業發展能力

上、中、下游合作程度

技術不斷升級

產業競爭度

有利的產業環境

品質與市場接受度

產業內競爭強度

產品商業化的能力

政府政策

Unit 1-8
產業競爭力

一、產業競爭力(Industry Competitiveness)的價值鏈

創新－研發－設計－製造－裝配－物流－行銷－服務－品牌。

圖解產業分析

二、產業競爭力衡量指標

在眾多產業中,到底哪一個產業競爭力高?哪一個產業競爭力低?提供以下產業競爭力衡量的重要指標。

(一) 產業的就業人數
(二) 產業實際運用的資本額
(三) 產業的營業額與利潤率
(四) 產業的生產機器設備投資額
(五) 產業的外銷產值與外銷比率
(六) 產業內有研發的廠商比率
(七) 產業的企業研發經費,占營業額之比率
(八) 產業的企業研發人員,占從業員工比率
(九) 產業的技術貿易額指數,包括技術貿易輸出額、技術貿易輸入額

三、產業出口競爭力

直接影響產業出口競爭力的指標,有價格、產品品質、生產力、付款條件、交貨速度、行銷通路、售後服務及產業信譽等。

影響全球製造業競爭力的驅動因素

排名	因素	排名	因素
1	人才驅動的創新	6	實體基礎建設
2	經濟、貿易、金融與稅務制度	7	能源成本和政策
3	勞動力與原料的成本與供應	8	本地市場的吸引力
4	供應商網絡	9	醫療保險制度
5	法規制度	10	政府對製造業與創新的投資

資料來源:德勤全球製造業團隊與美國競爭力協會

四、產業競爭環境

1990年代後期以來,隨著運輸、資通訊技術,及自由貿易的發展,商品、人員及資金在國際上移動成本下降,跨境生產、貿易及投資快速的發展,因而更加增大產業競爭的壓力。

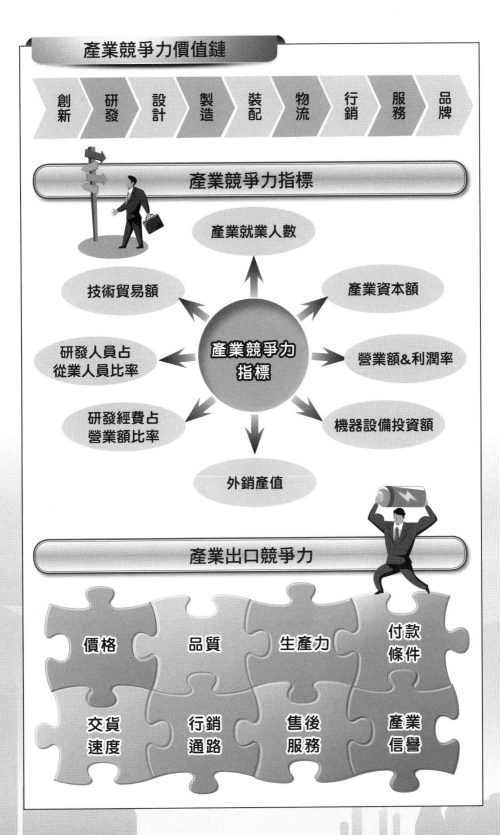

產業競爭力價值鏈

創新　研發　設計　製造　裝配　物流　行銷　服務　品牌

產業競爭力指標

產業競爭力指標

產業就業人數

技術貿易額

產業資本額

研發人員占從業人員比率

營業額&利潤率

研發經費占營業額比率

機器設備投資額

外銷產值

產業出口競爭力

價格　品質　生產力　付款條件

交貨速度　行銷通路　售後服務　產業信譽

臺灣有歷史以來歷經：荷領時代（1624-1662）、明鄭時代（1662-1683）、清領時代（1683-1895）、日治時代（1895-1945），以及目前國民政府時期。

第 2 章
臺灣產業變遷史

●●●●●●●●●●●●●●●●●●●●●● 章節體系架構 ▼

Unit 2-1　荷蘭時期的臺灣產業

Unit 2-2　鄭成功時期的臺灣產業

Unit 2-3　清朝的臺灣產業

Unit 2-4　日治時期的臺灣產業

Unit 2-5　中華民國產業政策主軸

Unit 2-6　民國40年代的臺灣產業

Unit 2-7　民國50年代的臺灣產業

Unit 2-8　民國60年代至70年代中期的臺灣產業

Unit 2-9　民國70年代後期至80年代的臺灣產業Part I

Unit 2-10　民國70年代後期至80年代的臺灣產業Part II

Unit 2-11　民國90年代迄今的臺灣產業

Unit **2-1**
荷蘭時期的臺灣產業

　　荷蘭是臺灣第一個外來統治者，時間長達38年。17世紀，荷蘭東印度公司為了擴張在亞洲的貿易，在亞洲各地建立約二十幾個商館，東到日本，西到印度，而在巴達維亞城設總督，總管亞洲貿易。

　　荷蘭人占領臺灣的目的，原只想以臺灣作為中、日貿易的轉口站，對發展臺灣產業並不特別重視。但荷蘭人占據臺灣後，發現臺灣具有發展產業的潛在條件，於是積極推動臺灣產業。荷蘭時期臺灣的產業，主要有四大產業。

一、稻米產業

　　荷蘭人據臺時，稻米不足食用，因此需從中國、日本、南洋等地運來。荷蘭從中國招徠漢人從事農墾。大抵荷蘭人自土著手中獲得土地後，即放予漢人耕種，名為王田。漢人有如荷蘭東印度公司之佃農，漢人只提供勞力與技術，耕牛、農具、種子都由荷蘭人提供。稻米產業逐漸發展，甚至產量過剩而出口到中國。

二、蔗糖產業

　　當時糖是一項奢侈品，利潤十分可觀。蔗糖原只是中國的轉口品，但荷蘭開始重視蔗糖後，所採取的產業政策是種植甘蔗可免稅，甘蔗製成的砂糖，給予保證收購，並且透過貸款方式，來控制甘蔗的產量。1659年輸出砂糖數量，已達六十多萬斤。荷蘭在臺灣的末期，蔗糖產量已達一百七十餘萬斤，主要是銷往日本、波斯等地。

三、鹿產業

　　由於荷蘭來臺時期，臺灣中南部海拔較低的草原，處處可見千百成群的梅花鹿。而當時的鹿皮及鹿肉乾，也是為初抵臺灣的荷蘭人，快速賺錢的產業。鹿產業的輸出，包括鹿角、鹿脯、鹿皮。據說曾經一年輸出二十萬張鹿皮的紀錄。

　　在貿易上，漢人以米、鹽、布料及裝飾品等物品，換取原住民所獵捕之鹿皮及鹿肉乾，後來漢人也以設計陷阱或擊蹄方式，擴大捕捉原野鹿隻。荷蘭人為了獲得漢人和原住民所劫掠的鹿皮，以管制濫捕為名，設立「贌社」制度，發給「捕鹿證照」，以便徵得更多鹿皮，增加收益。因此，留下許多與鹿有關的地名，例如：鹿港、鹿草、鹿寮等。

四、硫磺礦產業

　　荷蘭驅逐西班牙人，擁有新的生產事業，掌握了北部的硫磺礦，允許中國人從事開採硫磺，課以硫磺稅。並在淡水築一座砲臺，以加強保護硫磺開採。

臺灣總體產業變遷期

| 荷蘭時期 | 明鄭時期 | 清朝時期 | 日治時期 | 國民政府時期 |

荷蘭時期臺灣產業

荷蘭時期臺灣產業

| 稻米產業 | 蔗糖產業 | 鹿產業 | 硫磺礦產業 |

第一階段

米、鹽、布料、飾品 ➡ 原住民

鹿皮、鹿乾 ➡ 漢人

第二階段

荷蘭

贌社制度（捕鹿證照）➡ 荷蘭徵得鹿皮

Unit **2-2**
鄭成功時期的臺灣產業

　　1662年2月荷蘭人向鄭成功投降；鄭成功建立臺灣歷史上第一個漢人政權。一直到1683年，施琅率兵攻打臺灣，鄭克塽降清，鄭氏家族治臺將近有22年的時間。此期間臺灣的主要產業如下：

一、稻米產業第一

　　荷蘭統治即將結束時，臺灣人口包括原住民與移民約10萬人，鄭成功的大軍及家屬約3萬人，由於人口急增，確保食糧充足成為燃眉之急，要讓軍民能活下來，因此，稻米產業被列為最重要的核心。稻米產業要發展，需要勞動力來屯墾，以及水利等基礎建設。

　　(一) 田制：1.官田：由鄭氏宗室、文武官員開墾。2.「營盤田」：在不侵犯原住民與移民所有土地的條件下，准予開墾土地，稱之為「營盤田」（屯田）。鄭氏軍隊屯田的地點，已知的有四十餘處，例如：臺南的新營、後頭舊營、五軍營、果毅營、後查畝營、林鳳營、中營、下營、二鎮、中協、左鎮、小新營、後營、大營等。

　　(二) 興修水利。

二、蔗糖產業

　　在明鄭時期為籌措軍費，因此規定蔗糖由政府專賣。蔗糖產業在當時已頗具規模，且砂糖品質良好，頗受國際重視。砂糖的年產量高達170萬斤以上。主要的輸出市場是日本、波斯等地。明鄭時期為了賺取利潤、以供軍需，仍繼續大量生產，年產量高達5萬擔（1擔100斤）。但因對稻米的重視遠勝蔗糖，因此蔗田改為稻田，連帶的使糖產量減少了約五分之四。

三、鹿產業

　　除輸出蔗糖產業外，鹿產業仍然是與英國東印度公司及日本作為貿易交換的重要產業。與當時的英國東印度公司簽約，透過輸出鹿相關產品，以換取英國的軍火和布料；與日本貿易以換取日本的銅與軍火。

四、鹽產業

　　原來臺灣製鹽方法太簡陋，所製造出來的鹽極苦澀。後來改良為「天日曬鹽」法，開闢鹽灘，因而開啟了臺灣曬鹽史的首頁。

五、發展貿易

　　在1650年代，鄭成功對日貿易所占的貿易額，即占有六成左右。臺灣輸入日本的銅，除可賺取轉賣之利，另一方面也需用銅來鑄錢及製造武器。

鄭成功時期臺灣產業

稻米產業

蔗糖產業

貿易產業

鹿產業

鹽產業

貿易

臺灣

輸出糖　→　日本

輸出鹿皮　→　波斯

輸入軍火、銅、布料　←　英國

田制　→　官田

田制　→　營盤田

Unit 2-3
清朝的臺灣產業

　　臺灣由1683年施琅攻臺，至1895年甲午戰爭後，割讓予日本為訖，由大清帝國實質統治的時間，總共為212年。

一、清朝鎖臺時期特色

　　(一) 嚴格限制臺灣貿易港口：清朝攻占臺灣後，南京與寧波成為對日貿易主要口岸，廈門和廣州則成為中國對東南亞出口的門戶。對臺雖取消海禁，但僅准許安平和廈門對口通航。1784年清政府開放鹿港，和蚶江對口通航；1792年開放八里坌（今八里），和福州及蚶江通航。

　　(二) 嚴格限制臺灣貿易商品：對貿易的商品嚴格限制，而且進口的船隻均需納稅。

　　(三) 嚴格限制臺灣勞動力擴張：清政府對移民到臺灣者，初期採許可制度（避免成為罪犯聚集地），而且只准男性移民，不准女性移民，到乾隆之後才逐漸放寬。

二、清朝開放臺灣（1858-1895年）背景

　　清朝之所以開放臺灣，關鍵在於發現列強對臺意圖，特別是列強的要求。(一) 1842年清朝政府於鴉片戰爭後，和英國簽訂南京條約開放五口通商。(二) 1858年清朝政府於英法聯軍後，簽訂「天津條約」，被迫開放安平港貿易；(三) 1860年的「北京條約」再開放淡水港，對外貿易。1863年清朝再被迫追加打狗（高雄）及雞籠（基隆）港的對外開放。尤其是臺灣開放對外貿易後，出現兩項明顯具有比較利益的經濟商品：茶葉及樟腦。

三、清朝時期的臺灣產業

　　(一) 茶產業：臺灣茶最早是由英國人John Dodd發掘，1867年首次輸往澳門，1869年輸往美國。其後茶葉出口日盛，烏龍茶輸往美國，包種茶輸往南洋；美國市場占茶葉出口的90%。

　　(二) 樟腦產業：醫藥用途一直有中醫的固定消費數量，來支持清朝時期臺灣的樟腦產業。在電影發明之後，樟腦成為製造電影膠捲的原料，同時也是無煙火藥的重要配製原料。所以清政府多次將樟腦列為「公賣」事業。但因難以抵抗外國廠商的貿易利益，而被迫取消。

　　(三) 糖產業：荷蘭時期即已形成的產業，在臺灣被封鎖的時代，仍輸往中國。1860年淡水開港後，外銷擴及澳洲、西歐、北美、南美等地，但仍以輸往中國為主。

　　(四) 稻米產業：臺灣稻米一年兩熟，有「雙冬」美稱。而且在18世紀後，因產量過剩開始銷往中國福建，因而有「福建穀倉」之稱。

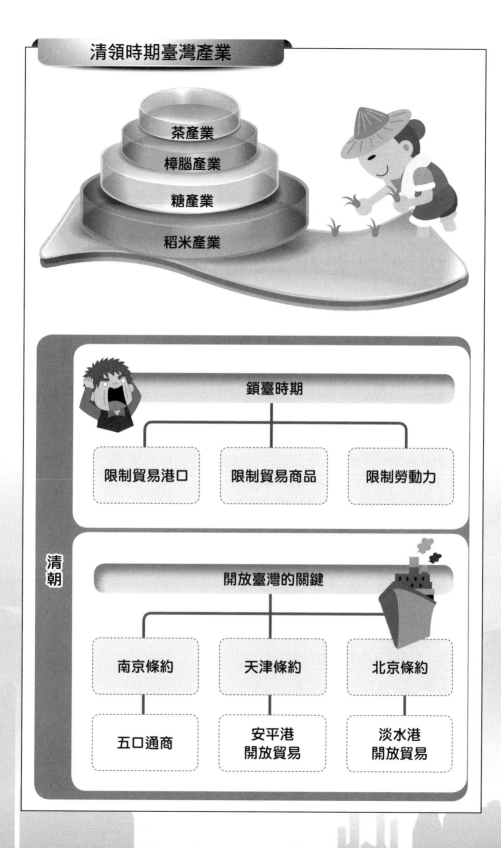

清領時期臺灣產業

- 茶產業
- 樟腦產業
- 糖產業
- 稻米產業

清朝

鎖臺時期

| 限制貿易港口 | 限制貿易商品 | 限制勞動力 |

開放臺灣的關鍵

| 南京條約 | 天津條約 | 北京條約 |
| 五口通商 | 安平港開放貿易 | 淡水港開放貿易 |

Unit 2-4
日治時期的臺灣產業

由於中日甲午戰爭（1894年-1895年）的失敗，清朝被迫與日本簽訂「馬關條約」，將臺灣和澎湖的主權，割讓給日本。

一、蔗糖產業

由於日本和臺灣蔗糖的淵源頗早，早在荷蘭時期，就從臺灣進口糖。所以從開始統治臺灣（1895年）時，就開始積極發展臺灣糖業。因此從1900年到1920年間，臺灣經濟主軸在糖產業。1902年頒布「糖業獎勵規則」，其主要內容有資金補助、確保原料、市場保護等措施，希望藉此吸引日本資本家到臺灣投資設廠。特別建立「臨時臺灣糖務局」，來執行前述政策。1911年前後，日本資本家大舉設立新式製糖工廠，1925年因為引進新品種甘蔗，1941年臺灣已擁有新式糖廠五十座，每日壓榨量達七萬一百二十噸，為臺灣糖業最盛時期。一直到太平洋戰爭爆發，大量勞動力被帶往戰場，蔗糖產量每年減少一百餘萬噸。日本發展蔗糖產業的主要途徑是：

1. 甘蔗苗種改良。
2. 栽培法的改良。
3. 水利灌溉改良。
4. 將不適於稻作的田園改為種植甘蔗。
5. 開發適於甘蔗的荒蕪土地。
6. 公權力介入製糖現代化，尤其是在土地、原料的取得。
7. 生產過程的改進及製糖技術的提升，要求機械、工廠現代化。

二、樟腦產業

日治時期為了確保臺灣樟腦生產，以提供其軍事上的火藥應用。凡是生產樟腦的從業人員，都屬於國防產業，因而免受軍事徵召，可見當時日本政府的重視。

三、稻米產業

從1910年起，以10年為期，限定農民栽植稻米的品種，要求種出適合日本人食用的稻米，以提供在臺日人及日本國內市場大量的需求。

1920-1930年為以蓬萊米為主的糧食外銷。

四、工業

1930年之後，則因戰爭需要，對於臺灣的經濟重心則轉為工業化。1942年日本在中途島之役戰敗後，局勢轉變，日本積極在臺部署戰事準備。

日本統治末期，在經濟部分，嚴格實施食糧與物資配給，以藉此擠壓出剩餘米糧，輸出到日本母國。臺灣人民因而陷入飢餓、貧困不堪。在軍事方面，開始興築戰備道路與工事。在人民的動員方面，則先後成立勤業報國青年團、徵召青年人去南洋當軍伕，也徵召女護士等，後來卻變成慰安婦。

日治時期的臺灣產業

- 蔗糖產業
- 樟腦產業
- 稻米產業
- 工業（中途島戰敗後開始）

改良蔗糖途徑

改良蔗糖途徑
- 苗種改良
- 栽培法改良
- 公權力介入
- 水利灌溉改良
- 現代化耕作
- 拓展蔗田

糖產業政策

糖產業政策
- 頒「糖業獎勵規則」內容
  - 資金補助
  - 確保原料
  - 市場保護
- 建立「臨時臺灣糖務局」

Unit **2-5**
中華民國產業政策主軸

民國34年日本無條件投降，開始了國民政府時期的產業歷史。

一、產業發展特色

臺灣產業結構變化的分期，可分別為：(一) 農業恢復期（1945-1952）；(二) 農工業發展期（1953-1962）；(三) 產業轉型期（1963-1973）；(四) 產業升級與科技導向時期（1974-2000）。

從產業外銷角度，臺灣產業發展可區分為：(一) 1980年代中期前，屬OEM型態。(二) 1980年代晚期至1990年代早期，進入ODM時代。(三) 1990年代中期之後，則採ODL/GL型態，步入全球運籌（GL）階段。

二、產業政策

臺灣產業發展過程中，政府產業政策居於十分重要地位。

(一) 民國40年代：實施第一次進口替代政策，以發展勞力密集、進口替代的民生工業，和農業與農產加工業為主。

(二) 民國50年代：採用出口擴張政策，使得輕工業能以低廉工資，具國際比較利益的前提下，迅速打開國際市場。

(三) 民國60年代：以發展重化工業為主的第二次進口替代和出口擴張的政策，來推動重化工業及機械、資訊、電子等策略性工業的發展。同時也使工業產品出口結構得以在石油危機、保護主義壓力，及勞力成本優勢削弱的情況下，逐漸由勞力密集的消費財，逐步轉向技術密集的生產財，產業結構順利調整。

(四) 民國70年代：該年代採行策略性工業政策，在前瞻性、兼顧世界技術發展與市場需求，及著眼國際競爭力三項原則下，規劃21世紀新興高科技產業，並依據市場潛力大、產業關聯性大、技術層次高、附加價值高、汙染程度低、能源依存度低等六大原則，提出十大新興工業與八大關鍵工業技術；同時透過財務支持、技術、管理及市場輔導，發揮促進產業升級及結構調整的功能。

(五) 民國80年代：民國80年在「國家建設六年計畫」中，提出十大新興工業項目與發展策略，選定通訊、資訊、消費性電子、半導體、精密器械與自動化、航太、高級材料、特用化學及製藥、醫療保健及汙染防治等十項高科技產業重點發展。

(六) 民國90年代迄今：前半期由民進黨執政，當時政府在民國91年提出「兩兆雙星」計畫，以引導臺灣經濟進入下個世代。「兩兆」指的是預期產值分別超過兆元以上的「半導體」產業，及「影像顯示」產業，其中「影像顯示」產業以平面顯示產業為發展重點。「雙星」則指「數位內容」產業（包括軟體、電子遊戲、媒體、出版、音樂、動畫、網路服務等領域）及「生物技術」產業，均被視為科技發展的主流產業。後半期由國民黨執政，選定生物科技、綠色能源、精緻農業、觀光旅遊、醫療照護及文化創意等六大產業，作為產業發展的主軸。

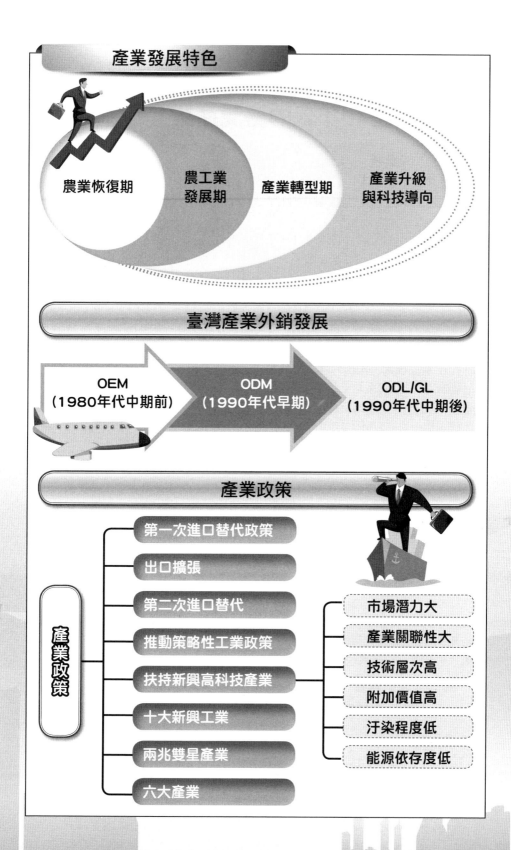

産業發展特色

農業恢復期　農工業發展期　産業轉型期　産業升級與科技導向

臺灣産業外銷發展

OEM
（1980年代中期前）　ODM
（1990年代早期）　ODL/GL
（1990年代中期後）

産業政策

産業政策

第一次進口替代政策

出口擴張

第二次進口替代

推動策略性工業政策

扶持新興高科技産業

十大新興工業

兩兆雙星産業

六大産業

市場潛力大

産業關聯性大

技術層次高

附加價值高

汙染程度低

能源依存度低

Unit **2-6**
民國40年代的臺灣產業

一、砲火下的臺灣

(一) 中共軍事威脅：民國38年10月25五日中共對金門實施兩棲登陸，國軍全力奮戰，造就古寧頭大捷。民國48年8月23日中共對金門砲擊，國軍英勇捍衛，穩住疆土。

(二) 美國放棄臺灣：1950年1月12日，美國國務卿艾奇遜（D. Acheson）發表，臺灣不在美國的西太平洋防禦範圍。

二、砲火下的產業政策：戰後重建、穩定經濟。

(一) 土地改革：民國38年4月實施土地改革——「三七五減租」，規定耕地地租率不得超過正產物年收穫量的37.5%。民國40年公地放領，民國42年頒布「耕者有其田」，私人土地不得超過3甲，超過部分須售政府，政府再轉售佃農。

(二) 發展農業：民國41年，臺灣農業生產恢復到戰前最高水準。民國42年開始，並確定了「以農業培養工業，以工業帶動農業」的經濟發展戰略。以農業出口賺取的外匯，發展進口工業所需之設備（紡織業）。

(三) 第一次進口替代：進口替代的時間，主要是在1953-1959年。實施第一期四年經濟建設計畫（民國42年）→發展勞力密集輕工業，以替代進口商品。

(四) 貿易政策：民國40年代初的貿易政策，先是採取保護主義，以高關稅、進口管制及設廠限制等，保護國內產業，扶持工業發展。以民國44年為例，汽機車進口關稅為60%，水泥為120%，棉製衣服為40%，這些都是「進口替代」的目標產業。但自民國48年開始，則採取降低關稅、單一匯率等自由貿易政策。

(五) 複式匯率：不同商品適用不同匯率，例如：消費品的進口適用較高的匯率，農工原料進口則適用較低的匯率。

(六) 獎勵投資條例：「獎勵投資條例」是民國49年實施，這是以減免租稅方式吸引外資來臺，使臺灣由進口替代轉向出口擴張。

(七) 出口擴張：民國48年底制定「19點財經改革措施」，該年同時對生產過剩的紡織業採取促進出口政策。工業以每年10%以上的成長率快速發展。輕工業（勞力密集工業）為主，發展外銷工業（輕工業、出口擴張）。

三、國際大格局轉變

(一) 美國軍事政策轉變：1950年6月25日，北韓揮軍攻入南韓，韓戰爆發，國際大格局轉變。美國杜魯門（Harry S. Truman）總統為防止東亞其他國家赤化，乃實施「圍堵政策」，並命其海軍第七艦隊巡弋臺灣海峽，防堵共軍渡海突襲臺灣。1954年簽訂「中美共同防禦條約」，臺灣納入冷戰圍堵體系一環。

(二) 美國經援政策：民國40年美國國會通過共同安全法案，開始對臺灣提供各種經濟援助，直到民國54年。

民國40年代產業大環境

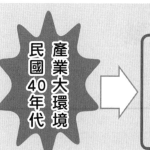

民國40年代 產業大環境

- 中共軍事威脅（血洗臺灣） ⇨ 民國47年8月23日砲戰
- 美國放棄臺灣宣言 ⇨ 民國39年1月12日發布

砲火下的產業政策

砲火下的產業政策

- 土地改革
  - 三七五減租
  - 耕者有其田
- 發展農業
- 第一次進口替代
- 貿易保護政策
- 複式匯率
- 制定獎勵投資條例
- 出口擴張（輕工業、食品加工業）

產業大環境轉變的關鍵

產業大環境轉變的關鍵 ➡ 韓戰  ➡

- 軍援（中美防禦條約）
- 經援

Unit **2-7**
民國50年代的臺灣產業

　　民國51年工業產值超越農業產值，代表臺灣正式進入「以工業為主的時代」。民國52年對外貿易首次出超，同時也開始有了外匯累積。民國53年開始，經濟成長率進入兩位數的高增長。

　　美援總共15年，提供臺灣將近15億美元的援助，平均每年約為1億美元。而美援期間，臺灣總財政赤字是11億美元，換句話說，近達15億的美援，彌補了臺灣這期間的財政赤字，民國54年美援中止。

一、普及教育

　　民國57年政府開始實施九年國民義務教育，這對臺灣培養各級產業的人才，具有跨時代的重要意義。

二、增加發電量以支援產業發展

　　民國52年石門水庫大壩竣工，為遠東第一大壩。1964年石門水庫開始發電。

三、成立加工出口區

　　民國54年1月25日立法院完成「加工出口區設置管理條例」三讀程序，同月30日總統令公布實施。民國55年12月3日創建亞洲第一個加工出口區——「高雄加工出口區」。而後在民國58年，又設置楠梓與臺中（在今臺中潭子）兩個加工出口區。外人投資大幅增加。結果：臺灣成為美、日兩國的加工基地，兩國來臺投資額占總投資額60%以上，也形成臺灣對日本的巨大入超，以及對美國的大額出超。民國58年，全國外銷總額2億1,770萬美元，高雄加工出口區就占了11.52%。在就業員工方面，民國61年，平均就業人數已高達5萬2,900多人。

四、紡織與家電產業

　　這二項產業是民國50年代臺灣外銷的主力。

五、農產品及其加工

　　用農產品及其加工品出口，以賺取外匯，再進口工業原料、機器，以發展民生工業。如出口糖、鹽、香蕉等物品換取棉花，發展國內紡織工業，再使紡織工業成為外銷的主流產業。在民國40年代中，臺灣最大宗的出品產品，是砂糖、香蕉、鳳梨罐頭。及至民國50年代，則為洋菇罐頭取而代之。

　　以香蕉為例，民國52年日本開放臺灣的香蕉進口，香蕉從民國52年開始至62年，就成為臺灣重要外匯來源。根據農委會的年報資料顯示，當時外銷日本賺取的外匯，幾乎占全臺外匯收入的三分之一，僅次於台塑、南亞。以當時的價格，六株香蕉的收成，就夠做一套上等英國進口的西裝。三簍香蕉，剛好等於東京大學一年的學費！

民國50年代產業發展

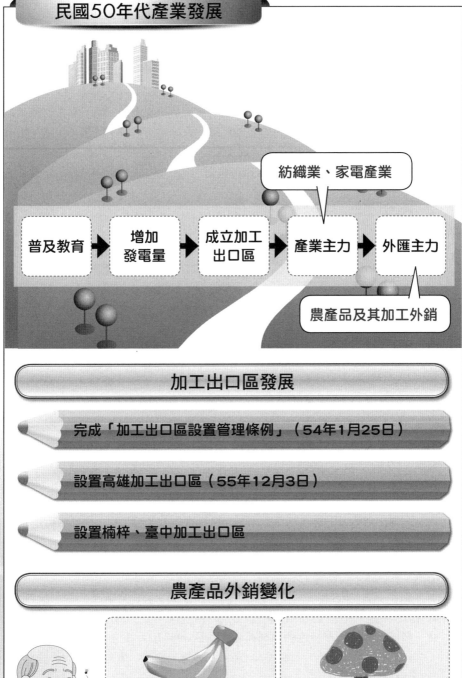

紡織業、家電產業

| 普及教育 | → | 增加發電量 | → | 成立加工出口區 | → | 產業主力 | → | 外匯主力 |

農產品及其加工外銷

加工出口區發展

完成「加工出口區設置管理條例」（54年1月25日）

設置高雄加工出口區（55年12月3日）

設置楠梓、臺中加工出口區

農產品外銷變化

砂糖、香蕉、鳳梨
（民國40年代）

洋菇罐頭
（民國50年代）

Unit **2-8**
民國60年代至70年代中期的臺灣產業

一、**產業危機**：(一) 民國60年，中華民國被迫退出聯合國，使外來投資意願下降。(二) 民國62年與64年，連續爆發石油危機，全球經濟陷入不景氣。我國在民國63年的經濟成長率，大降1.1個百分點，而且出現巨額貿易逆差。

第二次進口替代反應出臺灣經濟面臨的問題，如外貿依賴度偏高、能源短缺、環境汙染問題、工資上漲成本增加等。

二、**蔣經國主政的時代**：民國60年代至70年代中期，是蔣經國主政的時代。民國63年擔任行政院長，67至77年擔任總統，民國77年1月13日病逝。75年10月，蔣經國宣布即將解除戒嚴令，隨後開放報禁、黨禁，奠定臺灣民主政治的良性發展。兩岸關係方面，民國76年11月，開放民眾赴大陸地區探親，開啟兩岸關係新的里程碑。

三、**完成十大建設**：民國63年推動十大建設，包括南北高速公路、桃園國際機場、臺中港、鐵路電氣化、北迴鐵路、蘇澳港、煉鋼廠、造船廠、石油化學工業和核能發電廠。

四、**選擇並發展重點產業**：蔣經國在擔任行政院長時期，認為臺灣要發展，一定要有前瞻性的眼光選對產業，而這產業不但要符合世界的潮流，還要能夠把臺灣經濟帶起來。他第一次選擇全力發展紡織工業，第二次是石化工業，第三次是資訊電子產業。他的正確抉擇，使得臺灣平均國民所得，從一千多美元提高到五、六千美元，將臺灣經濟帶到一個起飛的階段。

五、**「世界第一」的產業**：民國72年，我國排名「世界第一」的產品，包括鞋子、電扇、自行車、洋傘、縫紉機、熱水瓶等。事實上，這些都是附加價值低的生活用品。在蔣經國的主政下，開始積極調整產業結構，民國70年代，勞力密集已不再是產業的主流，取而代之的是技術密集及資本密集的產業。

六、**完成足夠電力**：民國74年臺灣第一座抽蓄水力發電工程，明湖電廠竣工啟用，核三電廠完工，電力供應充足。

七、**促進產業升級**：民國68年制定「十年經濟建設計畫」，將機械、電子、電機、運輸工具列為「策略性工業」。同時，推動「十二項建設」，內容包括興建花東、南迴鐵路，新建東西橫貫公路，續建核電二、三廠，擴建臺中港，農業機械化，改善農田排水系統，興建國民住宅與各縣市文化中心等。

八、**發展具產業群聚特性的科學園區**：民國69年12月成立「新竹科學工業園區」，以優厚條件吸引廠商、人才進入，研發生產電子資訊、精密儀器、高科技材料工業、生物工程等高科技工業。

九、**自由化與國際化**：民國72年放寬進出口與投資限制；民國76年新外匯條例實施，人民得以自由持有及運用外匯。

產業危機

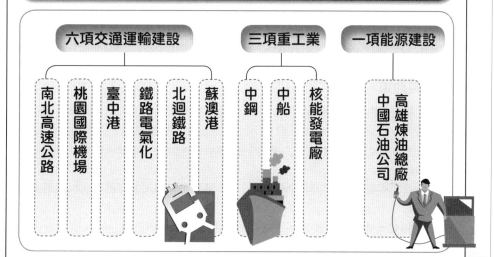

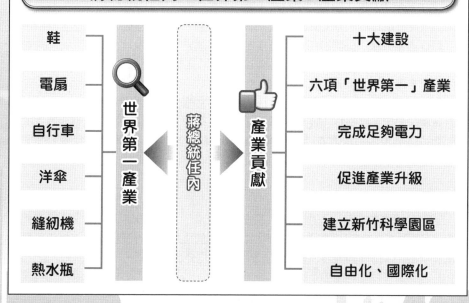

Unit **2-9**
民國70年代後期至80年代的臺灣產業Part I

　　民國77年1月，蔣經國總統逝世，李登輝從開始繼任第七任總統後，直到民國89年5月20日任期屆滿卸任。所以從民國70年代後期至80年代，由李登輝執政。

一、產業空洞化升高

　　李登輝執政時期是產業環境最為動盪的年代。不但兩岸政治情勢對峙，而且臺商赴中國投資，急遽增加。產業空洞化的三項指標是：(一)大批企業出走海外；(二)失業率上升；(三)製造業產值占GDP比率下降。

二、產業政策

　　(一) 租稅優惠：民國80年訂定實施「促進產業升級條例」，取代實施屆滿的「獎勵投資條例」，給予五年免稅或投資抵減。塑造優良租稅環境，以刺激民間投資意願，促進產業升級。民國84年增訂對高科技事業五年免稅，或股東投資抵減擇一適用的規定。

　　(二) 公營事業民營化：民國80年修訂「公營事業移轉民營條例」，加速推動公營事業民營化。

　　(三) 推動十大新興工業：民國80年在「國家建設六年計畫」中，提出十大新興工業項目與發展策略，以兩大（市場潛力大、產業關聯度大）為原則，選擇通信、資訊、消費性電子、半導體、精密機械與自動化、航太、高級材料、特用化學與製藥、醫療保健等十大工業。

　　(四) 開發工業區：積極開發新竹、臺中、臺南等科技工業區、彰濱、雲林離島工業區，以及花蓮和平水泥工業區。

　　(五) 產業升級：民國81年起陸續推動「發展關鍵零組件及產品方案」、「高畫質電視工業發展方案」、「航太工業發展方案」、「工業自動化五年計畫」、「加強生物技術產業推動方案」。

　　(六) 「南向政策」：民國84年7月中共宣布在臺海試射導彈。民國85年9月14日李登輝總統表示，應秉持「戒急用忍」原則因應兩岸當前關係。為降低臺商西進的熱潮，政府主動推出到東南亞國家發展產業的「南向政策」。譬如與菲律賓共同開發「蘇比克灣工業區」。

三、金融

　　金融是產業的血液，對產業發展極為重要。(一) 民國80年核發15家新商業銀行之設立許可；(二) 大幅放寬資本帳之限制；(三) 加速推動銀行業國際化；(四) 推動金融業務自由化；(五) 開放辦理新業務；(六) 擴大境外金融業務。

民國70年代後期至80年代產業概況

產業空洞化

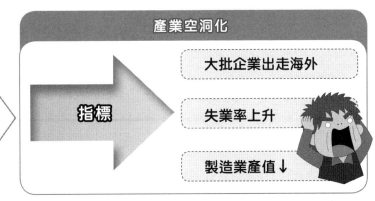

指標 →
- 大批企業出走海外
- 失業率上升
- 製造業產值↓

產業政策

- 租稅優惠
- 公營事業民營化
- 推動十大新興工業
- 推動產業升級
- 開發工業區

發展金融產業

- 核發新銀行許可證
- 放寬資本帳
- 銀行業國際化
- 金融業務自由化
- 開放新業務
- 擴大境外金融業務

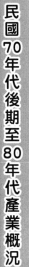

民國70年代後期至80年代產業概況

039

Unit **2-10**
民國70年代後期至80年代的臺灣產業Part II

一、**產業空洞化**：臺幣升值、工資上漲、土地價格飆高，使得傳統產業優勢不再，因而導致勞動密集產業外移、資本輸出。傳統產業大量出走，但電腦、資訊等高科技新興產業，此時開始填補了傳統產業出走所留下的空白，並為臺灣經濟開創了第二春。民國83年臺灣資訊業的產值，全球排名第四，僅次美國、日本及中國（七成為臺商投資）。

二、**兩岸經貿**：中國在電子、紡織、塑膠等領域的工業水準遠不及臺灣。民國76年兩岸間的間接貿易總額達19億美元，其中臺灣對中國的順差達12億美元。在民國77年，兩岸之間的直接貿易為中華民國政府所禁止，違反規定者將被處三年的拘役。但當年度的兩岸間貿易總額已超過27億美元。

(一) 民國81年公布施行「臺灣地區與大陸地區人民關係條例」，以有效規範兩岸經貿關。

(二) 民國82年通過「在大陸地區從事投資或技術合作許可辦法」，規範兩岸產業投資及技術合作事項。

(三) 民國82年通過「臺灣地區與大陸地區貿易許可辦法」，放寬自大陸地區間接進口範圍。

(四) 民國82年通過「臺灣地區與大陸地區金融業務往來許可辦法」，開放臺灣地區銀行海外分行，得與外商銀行在大陸地區之分行、大陸地區銀行海外分行，及在海外之大陸地區金融機構有金融業務之往來。

(五) 民國82年通過「大陸地區產業技術引進許可辦法」，開放引進大陸地區產業技術及有關之人才。

(六) 民國83年發布「在大陸地區從事商業行為許可辦法」，規範投資、技術合作，及貿易以外的商業行為。

(七) 民國84年初，行政院通過了「推動臺灣成為亞太營運中心計畫」，大規模地鬆綁法規，並改善基礎設施，企圖吸引跨國企業，前來設立區域營運總部。

三、**兩岸關係轉捩點**：民國83年發生臺胞在千島湖被殺，中國未適當處理。

四、**「戒急用忍」政策原因**：民國84年、民國85年中國對臺大規模軍事演習，甚至以飛彈威脅。李登輝也在民國85年8月，要求財經單位重新檢討對中國投資政策，並要求訂定企業赴中國投資的適當及最高比例。並在該年9月舉行的「全國經營者大會」中，以臺商對中國市場依賴日深，在中國法律不彰下，難免升高兩岸經貿風險，並影響國家整體經濟利益，藉此呼籲廠商對中國投資，不應急躁，應採取「戒急用忍」態度。

五、**「戒急用忍」政策實施**：民國85年12月在國家發展會議中，採取對中國「戒急用忍」的投資政策。限制高科技產業以及國內73項重大基礎建設產業，對中國投資的限制。同時也訂定對中國個案投資金額不得超過5,000萬美元為上限，明確界定：「高科技、5,000萬美元以上、基礎建設」，三種應「戒急用忍」。

產業空洞化之源頭

臺幣升值

工資上漲

土地價格漲

兩岸經貿法規

民國81年	「臺灣地區與大陸地區人民關係條例」
民國82年	「在大陸地區從事投資或技術合作許可辦法」
民國82年	「臺灣地區與大陸地區貿易許可辦法」
民國82年	「臺灣地區與大陸地區金融業務往來許可辦法」
民國82年	「大陸地區產業技術引進許可辦法」
民國83年	「在大陸地區從事商業行為許可辦法」

兩岸關係轉捩點

「千島湖」事件

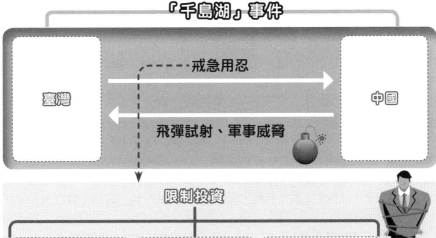

臺灣 ──戒急用忍──→ 中國

臺灣 ←── 飛彈試射、軍事威脅 ── 中國

限制投資

| 高科技產業 | 5,000萬美金 | 基礎建設 |

Unit **2-11**
民國90年代迄今的臺灣產業

一、產業轉型大壓力

　　民國90年代，在全球化的激烈經濟競爭下，我國產業面臨巨大轉型壓力。尤其是民國91年，中華民國加入世貿組織（WTO），成為全球化經貿體系成員。

二、產業結構創新

　　進入民國90年代，我國邁入產業創新的產業結構。數位經濟革命崛起，通訊、雲端、生化、新材料、機器人、奈米、3D列印等七項科技，啟動新一波工業革命。

三、陳水扁政府時期

　　(一) 推動「兩兆雙星」產業：政府於民國91年，推動「兩兆雙星」產業，兩兆即半導體產業與影像顯示產業。民國95年時，「半導體」與「影像顯示」兩項產業的產值，都突破1兆元。兩個明星產業是「數位內容」與「生物技術」產業。

　　(二) 兩岸經貿：民國89年，由於陳水扁當選總統後，適逢世界經濟不景氣，產業界要求鬆綁「戒急用忍」政策。陳水扁也將「戒急用忍」政策，改為「積極開放，有效管理」。民國95年1月1日，陳水扁在元旦談話中，把「積極開放，有效管理」宣傳改為「積極管理，有效開放」。

　　(三) 海外生產：民國88年臺灣接單，海外生產12.2%，到了民國97年上升到47%。產業出走，相對應的薪水不但停滯而且倒退。

四、馬英九政府時期

　　(一) 推動六大新興產業：政府於民國98年初，選定生物科技、綠色能源、精緻農業、觀光旅遊、醫療照護、文化創意等六大新興產業，作為重點產業。

　　這六大產業的發展策略是，1. 生物科技：成立食品藥物管理局以建構與國際銜接的醫藥法規環境；2. 綠色能源：以技術突圍、關鍵投資、環境塑造、內需擴大及出口拓銷等策略，協助太陽光電、LED照明、風力發電、氫能及燃料電池、生質燃料及電動車等產業；3. 精緻農業：開發基因選種；推動小地主大佃農，結合觀光文創，深化休閒農業；拓展銀髮族飲食休閒養生、節慶，與旅遊伴手禮等新市場，以發展精緻農業；4. 觀光旅遊：以拔尖（發揮優勢）打造國際觀光魅力據點，推動無縫隙旅遊；5. 醫療照護：藉由提升核心技術，擴充現階段醫療服務體系至健康促進、長期照護、智慧醫療服務、國際醫療及生技醫藥產業，打造臺灣醫療服務品牌，帶動相關產業發展；6. 文化創意：以華文市場為目標，推動電視、電影、流行音樂、數位內容、設計及工藝等六大旗艦產業。

　　(二) 四大新興智慧型產業：行政院於2009年推動四大新興智慧型產業，包括：「雲端運算」、「智慧電動車」、「智慧綠建築」和「發明專利產業化」。

　　(三) 全力推動兩岸經貿：馬總統上臺後，認為陳水扁時期國家經濟疲弱，就是沒有開放。所以馬總掌權後，經濟上大幅開放中國市場，如三通、ECFA協議。

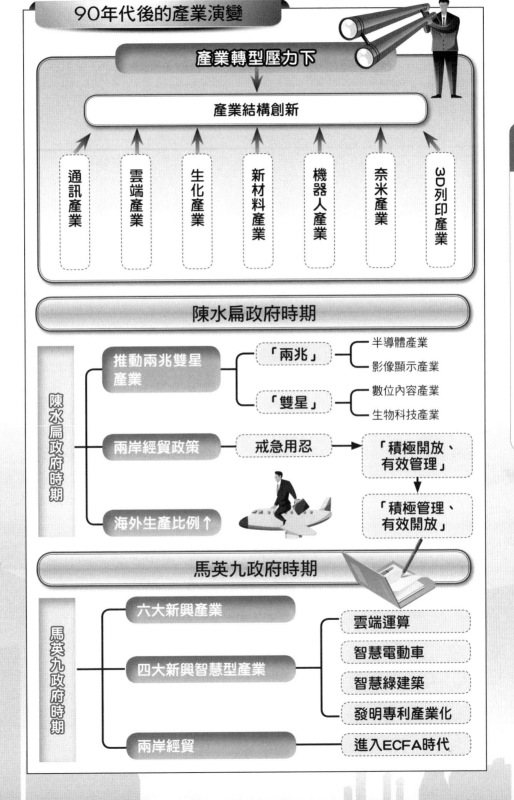

90年代後的產業演變

產業轉型壓力下
↓
產業結構創新

通訊產業 | 雲端產業 | 生化產業 | 新材料產業 | 機器人產業 | 奈米產業 | 3D列印產業

陳水扁政府時期

陳水扁政府時期

推動兩兆雙星產業
- 「兩兆」
  - 半導體產業
  - 影像顯示產業
- 「雙星」
  - 數位內容產業
  - 生物科技產業

兩岸經貿政策 — 戒急用忍 → 「積極開放、有效管理」 → 「積極管理、有效開放」

海外生產比例↑

馬英九政府時期

馬英九政府時期

六大新興產業

四大新興智慧型產業
- 雲端運算
- 智慧電動車
- 智慧綠建築
- 發明專利產業化

兩岸經貿 — 進入ECFA時代

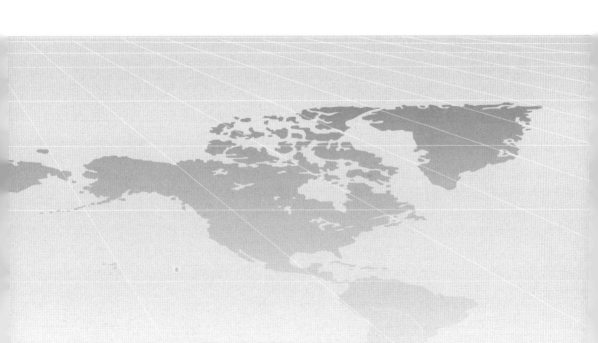

第 **2** 篇

產業分析途徑與角度

第3章　產業分析途徑

第4章　投資人的產業分析

第 **3** 章

產業分析途徑

●●●●●●●●●●●●●●●●●●●●●●●●● 章節體系架構 ▼

Unit 3-1　產業生命周期理論

Unit 3-2　SCP 模型

Unit 3-3　SWOT 分析法

Unit 3-4　BCG模式

Unit 3-5　微笑曲線

Unit 3-6　五力分析

Unit 3-7　GE模式

Unit 3-8　產業價值鏈

Unit 3-9　產業關鍵成功因素

Unit 3-10　產業結構與競爭分析

Unit 3-11　鑽石模型理論

Unit 3-12　產業群聚

Unit 3-13　產業群聚的優勢與實踐

Unit **3-1**
產業生命周期理論

產業生命周期模式（Industrial Life Cycle Model）是分析產業發展不同時期的競爭力之影響，也是最常用來預測產業演變軌跡的分析工具。

一、產業階段的劃分

(一) Porter（1980）、吳思華（1988）：將產業分為四個階段，依序為初生期、成長期、成熟期及衰退期。

(二) Hill & Jones（1998）：根據Hill & Jones（1998）的界定，產業生命周期包括導入期、成長期、震盪期、成熟期、衰退期等階段，此象徵整個產業演化之過程。

(三) 徐作聖（1995）：將產業生命周期分為萌芽期、成長期、成熟期與衰退期。

(四) Anosff & McDonnell：將產業生命周期分為萌芽期、加速成長期（accelerating growth）、減速成長期（decelerating growth）、成熟期（maturuty）、衰退期（decline）。

二、產業階段的意義與特徵

(一) 導入期：導入期產業是指近五年產業產值不高、成長尚不快速的產業。導入期因大眾對此產業尚感陌生，產業未達規模經濟，成長相對緩慢。所以導入期對政府創新政策之需求，明顯高於成長期與成熟期。其特徵有：1.產品定價較高；2.尚未發展良好的經銷通路；3.競爭手段為教育消費者。

(二) 成長期：當產業的產品開始產生需求時，產業便會步入成長階段。成長期產業指近五年產業產值平均成長率介於10-30%之產業。在此階段中，會有許多新買者的進入，因而使需求快速擴張。其特徵有：1.獲得規模經濟效益使價格下降；2.經銷通路快速發展；3.潛在者的威脅度最高；4.競爭程度低；5. 需求快速成長使企業增加營收。

(三) 震盪期：由於需求不斷擴大，再加上新企業的加入，使得在此階段的競爭變得激烈。此階段的需求成長，已不如成長階段，因而會產生過剩的產能。所以企業會紛紛採用降價策略，來解決產業消退，與防止新企業加入的問題。其特徵有：1.競爭程度激烈；2. 產生過多的產能；3.常採用低價策略。

(四) 成熟期：成熟期指近五年產業產值平均成長率低於10%之產業。在此階段中，市場已完全飽和，需求僅限於替換（replacement）需求。此時的進入障礙會提高，但其潛在競爭者的威脅會降低。其特徵有：1.低市場成長率；2.進入障礙提高；3. 潛在競爭威脅降低；4.產業集中度較高。

(五) 衰退期：衰退期指近五年產業產值平均成長率為負成長之產業。成長率呈現負的因素，包括技術的替代、人口統計的變化、社會的改變、國際化的競爭等。在此階段中，其競爭程度仍然會增加，並且有嚴重的產能過剩問題，因此企業便會採取削價競爭，並可能引發價格戰。其特徵有：1.出現負成長；2.競爭程度繼續增加；3.產能過剩進而產生削價競爭。

產業發展階段

吳思華、Porter	Hill & Jones	徐作聖
初生期	導入期	萌芽期
成長期	成長期	成長期
成熟期	震盪期	成熟期
衰退期	成熟期	衰退期
	衰退期	

產品定價過高
經銷通路不成熟
競爭手段為教育消費者

導入期

規模經濟效益使價格↓
通路快速發展
潛在者的威脅度最高
競爭程度低
需求↑、企業營收↑

成長期

競爭程度激烈
產生過多的產能
常採用低價策略

震盪期

低市場成長率
進入障礙提高
潛在競爭威脅降低
產業集中度高

成熟期

出現負成長
競爭↑
削價競爭

衰退期

產業發展階段

Unit **3-2**
SCP 模型

一、S-C-P（Structure-Conduct-Performance）起源

　　Scherer在1970年，綜合了Masov（1939）及Bain（1959）的觀點，於1980至1990年間，提出了「結構－行為－績效」產業分析的架構。

二、S-C-P意義

　　S-C-P理論模式中，主要是在探討產業中的市場結構、廠商行為與其經營績效，三者之間的相互關係。S-C-P模式採用整體的觀點，來探討市場結構，在此種市場結構下，所產生的競爭方式、行銷通路、定價會有所不同。以至於影響其在投資、廣告、研發等決策行為，更進一步地去決定廠商績效、反應、資源分配的效率與成長等。

　　(一) 市場結構：係指市場組織之特性，此特性會隨著時間的經過而改變，去影響市場內的定價與競爭模式。決定市場結構的關鍵因素是：1.生產者的規模；2.集中程度；3.產品差異化；4.外在政策；5.買方與賣方人數；6.進入障礙；7.成本結構；8.垂直整合；9.企業多角化等。

　　(二) 市場行為：係指企業為了因應市場結構變化而產生的策略行為，主要包括廠商在競爭過程中彼此影響、互動、調適的行為。這些市場行為包括：1.定價行為；2.產品策略；3.廣告；4.競爭策略；5.協商（勾結）；6.併購與聯盟。

　　(三) 市場績效：這些市場績效包括：1.生產和分配效率；2.技術進步；3.產品品質；4.公平；5.利潤。

　　市場績效是市場行為與結構互動的結果。透過市場績效，評估其在市場的體系中，表現在價格水準、技術、利潤率、經營績效、企業成長等方面的指標。

三、S-C-P特色

　　SCP研究的對象是產業，著重在產業間績效的差異，而非個別企業間績效的差異。

　　(一) 產業組織理論（Industrial Organization, IO）長期以來，認為產業環境是廠商利潤來源的基礎。故SCP學者認為，個別企業的績效表現，是受到市場結構所影響，且企業的行為無法左右其所處的產業環境。

　　(二) 結構進入障礙：1.結構進入的障礙，不但是導致產業結構內廠商獲利的因素，也是威嚇、阻礙潛在競爭者進入的方式。2.產業內部也有移動障礙：移動障礙是指一切阻止廠商，由某戰略位置（strategic position）移動至另一戰略位置的因素。移動障礙能確保產業內某群組，避免被產業外的後進者，或其他群組廠商侵入的一種保護結構。

SCP理論模型

S 市場結構 —— **C** 市場行為 —— **P** 績效

決定市場結構關鍵因素

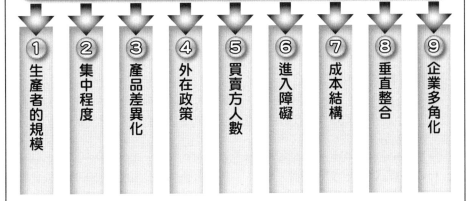

① 生產者的規模
② 集中程度
③ 產品差異化
④ 外在政策
⑤ 買賣方人數
⑥ 進入障礙
⑦ 成本結構
⑧ 垂直整合
⑨ 企業多角化

市場行為	市場績效
定價	生產和分配效率
產品策略	技術進步
廣告	產品品質
競爭策略	公平
協商	利潤
併購與聯盟	

Unit 3-3
SWOT 分析法

一、SWOT起源

肯恩‧安德魯（Ken Andrew）發展的SWOT法，即分析判斷企業本身的優勢（strength）和劣勢（weakness），以及外部環境的機會（opportunity）和威脅（threat），進而根據企業的內部資源和外部環境，來確定發展策略。

二、SWOT模式的功能

SWOT分析應用於產業分析，主要在考量企業內部條件的優勢和劣勢，是否有利於在產業內競爭；機會和威脅，是針對企業外部環境進行探索，探討產業未來情勢之演變。此一思維模式可幫助分析者，針對此四個面向加以考量、分析利弊得失，找出確切之問題所在，並設計對策加以因應。

三、SWOT模式提供的戰略

Weihrich（1982）將內部的優勢、劣勢，與外部的機會及威脅等，相互配對。然後利用最大的優勢和機會，及最小的劣勢與威脅，以界定出所在位置，進而研擬出適當的因應對策。

根據Weihrich的提議，基本上產業（企業）可以有四大類的策略。

(一) 槓桿效應（優勢＋機會，SO）：槓桿效應產生於內部優勢與外部機會相互一致和適應時。然而，機會往往是稍縱即逝的，因此企業必須敏銳地捕捉機會、把握時機，以尋求更大的發展。

(二) 抑制性（機會＋劣勢，WO）：當環境提供的機會，與企業內部資源優勢不相適合，或者不能相互重疊時，企業的優勢再大，也將得不到發揮。在這種情形下，企業就需要提供和追加某種資源，以促進內部資源劣勢，向優勢方面轉化，從而迎合或適應外部機會。

(三) 脆弱性（優勢＋威脅，ST）：脆弱性意味著優勢的程度或強度的降低、減少。當環境狀況對公司優勢構成威脅時，優勢得不到充分發揮，出現優勢不優的脆弱局面。在這種情形下，企業制定策略必須克服威脅，以發揮優勢。

(四) 問題性（劣勢＋威脅，WT）：當企業內部劣勢與企業外部威脅相遇時，企業就面臨著嚴峻挑戰，如果處理不當，可能直接威脅到企業的生死存亡。

052

小博士解說

SWOT分析法用在產業分析，應從三大層面掌握，第一是政府，第二是企業，第三是投資者。政府重視的是，如何抓住國際機會，以壯大我國的產業，又如何避開可能的威脅，以防範產業受創！企業所著重的是，運用SWOT分析法，建立正確的發展策略，如競爭策略、研發創新策略等。投資者則是透過SWOT分析法，來瞭解哪一個產業中的哪一個企業，最能抓住外在機會，創造最高利潤。如此的投資，才能真正獲利！

SWOT分析與效用

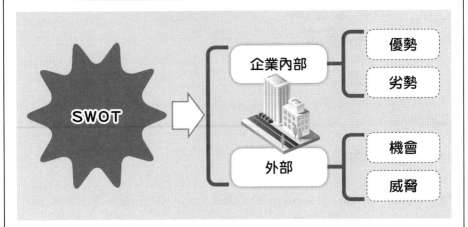

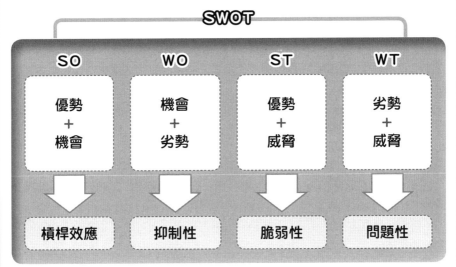

SWOT 分析之策略擬定表

內部因素 外部因素	優勢(S)	劣勢(W)
機會(O)	SO 策略之對策方案 Max- Max SO_1；SO_2；SO_3；SO_4	WO 策略之對策方案 Min- Max WO_1；WO_2；WO_3；WO_4
威脅(T)	ST 策略之對策方案 Max- Min ST_1；ST_2；ST_3；ST_4	WT 策略之對策方案 Min- Min WT_1；WT_2；WT_3；WT_4

資料來源：Weihrich, Heinz（1982），"The SWOT Matrix-A Tool for Situational Analysis", Long Range Planning, Vo.l15, No. 2, p. 60

Unit **3-4**
BCG模式

一、BCG模式起源

1971年波士頓顧問公司（Boston Consultants Group）提出產業分析模式，簡稱BCG模式。

二、BCG模式的內涵

BCG模式就是依據市場成長率的高低，及相對於最大競爭對手之市場占有率兩個座標，將「事業體」（Strategy Business Unit，SBU）區分為「問題產品」、「Star 明星產品」、「Dog落水狗產品」以及「Cash Cow金牛產品」四大類。

(一) 問題產品： 指公司中高成長率，但低相對市場占有率的產品。公司內大部分的產品在剛起步時，大多屬於這個區塊，由於先進入者已經占據市場，導致本身占有率低。問題產品大多需要許多現金，為了趕上成長迅速的市場，需要不斷增加設備、人力等投資。所以在出現問題商品時，決策者必須考慮是否要繼續投資此商品，必要時決定撤退。

(二) 明星（Star）產品： 指公司中高成長率，且高相對市場占有率的產品。當問題產品成功時，很快就會變成明星產品，但此時尚不能替公司帶來許多現金。公司必須投入更多資金，來追隨市場成長率，並應付競爭者的攻擊。當明星產品組合成功後，決策者可以規劃市場拓展策略，使明星產品轉為金牛產品。

(三) 金牛（Cash Cow）產品： 指公司內低市場成長率，卻高相對市場占有率的產品。Cash Cow顧名思義，即能為公司帶來許多現金。主要是市場成長率已經減緩，不需再花費資金擴充市場；而高相對市場占有率，更可使產品享受經濟規模，與較高的利潤加成。公司更可利用金牛產品所帶來的現金，用來支持其他三類產品。

(四) 落水狗（Dog）產品： 指公司內低市場成長率、且低相對市場占有率的產品。此類型的產品通常利潤較低，甚至有虧損的情況，花費的管理時間又相當多。因此除非這些產品具有策略性價值，能輔助明星產品行銷推廣，否則應考慮減少投資或撤退。

三、BCG模式提供的戰略

一般而言，策略有四：

(一) 逐漸放棄或是賣出落水狗產品；

(二) 抓住金牛產品，並盡量擠出現金；

(三) 投入現金（相對少量），並保持明星級產品的競爭優勢，確保高市占率；

(四) 挹注大量現金，將問題兒童產品，透過策略提升其競爭優勢，使其成為明星級產品。

結合BCG矩陣與產品生命周期（product life cycle）、擴充BCG矩陣到 GE 矩陣（GE matrix）與結合BCG 矩陣與五力分析和 PEST分析。

BCG模式內涵

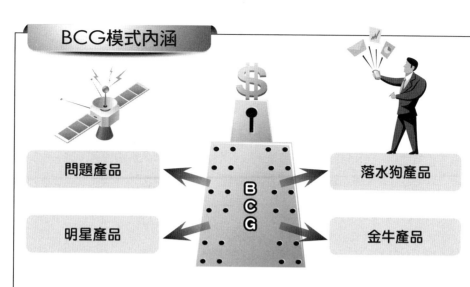

問題產品

落水狗產品

明星產品

金牛產品

BCG戰略

BCG
戰略

① 放棄或賣出「落水狗產品」

② 抓住「金牛」，擠出現金

③ 投入資金，確保高市占率

④ 投入資金，改變問題產品成為「明星級」產品

BCG結合其他分析途徑

PEST

五力分析

GE（參閱Unit3-7）

產品生命周期

Unit **3-5**
微笑曲線

一、「微笑曲線」（Smile Curve）分析模式起源

「微笑曲線」（Smile Curve）是施振榮先生於1992年「再造宏碁」時，所提出企業中長期的發展理論，據以作為宏碁未來發展的策略方向。

二、「微笑曲線」模式的內涵

微笑曲線左段代表技術及專利等研究發展，屬於全球性的競爭；中段為組裝、製造等流程；右段為品牌、服務等行銷活動，主要是當地性的競爭；曲線代表的是獲利程度，微笑曲線在中段位置為獲利低位，左右兩段則為獲利高位。微笑曲線的含意在於：企業盈利的增加，絕不在組裝、製造的位置，而是往左端的研發，或右端的行銷方向邁進。

三、「微笑曲線」成因

(一) 全球化的競爭壓力：全球化趨勢下，競爭壓力日趨激烈。企業不斷往上追，準備隨時趕上領先之企業，領先企業不斷往前跑，以保持領先距離，但投入相同產品的企業太多，市場趨於飽和就可能導致流血競爭。

(二) 產品生命周期的壓力：高科技產品除非掌握關鍵技術（know-how）或關鍵零組件，否則在產品壽命周期縮短的發展下，所謂「利基」產品，可能在數年間就變成毛利率極低的「微利」產品。

(三) 企業生存的壓力：企業如果無法持續提升技術、策略不能領先，則可能導致虧損，嚴重者甚至影響企業生存。

(四) 附加價值的壓力：附加價值可說是企業獲利的潛力。技術成熟、普遍化、進入門檻低的產業，很容易出現所謂「微利企業」，即生產低附加價值產品的企業，例如：以製造、組裝為主的企業，為了生存必須不斷的擴充產能、維持獲利，而一旦市場出現萎縮，產品價格下降，銷售量不再成長，企業就會馬上面臨經營危機。

(五) 產業發展的趨勢：為了克服低附加價值帶來的壓力，企業必須朝高附加價值區塊移動，如試著掌握產業關鍵技術、關鍵零組件，或是結合多種不同附加價值，推出整合性服務，創造具高附加價值的產品。

(六) 產業發展環境的需要：不同的產業環境，會出現不同的發展趨勢，例如：在高附加價值的區塊中，關鍵技術及關鍵零組件或許可以銷售到世界不同的市場，但是整合性服務，卻要在產業已有相當發展的區域，才能提供整合性卓越服務。

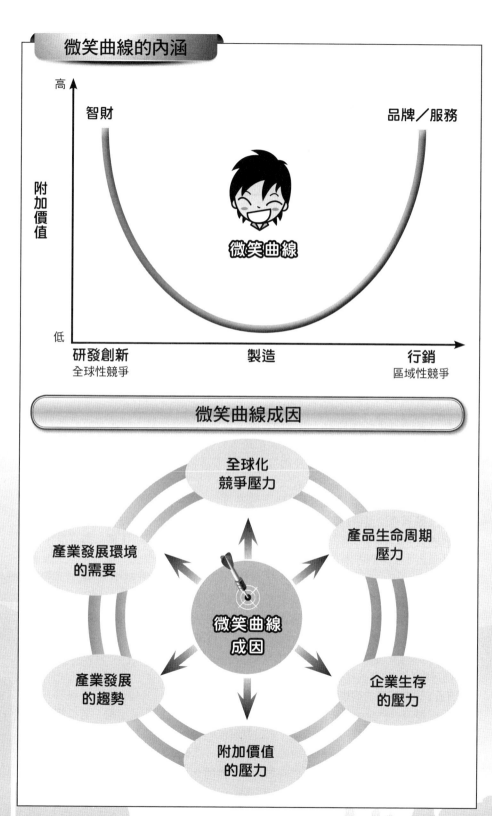

Unit 3-6
五力分析

一、「五力分析」模式起源

在《競爭策略》一書中，麥可‧波特（Michael Porter）整合了產業結構分析、競爭者分析和產業演化分析這三個關鍵領域，構成一個完整產業競爭分析模型——即著名的「五力分析」。

二、「五力分析」模式的功能

透過這五種競爭力的分析，有助於釐清企業所處的競爭環境，點出產業中競爭的關鍵因素，並界定出最能改善產業和企業本身獲利能力的策略性創新。

三、「五力分析」模式的內涵

五力分析模式中，最主要的五大變數如下：

(一) 新進入者的威脅：新進入產業的廠商會帶來一些新產能，不僅攫取既有市場，也可能壓縮市場的價格，導致產業整體獲利下降。而新進入者的進入障礙主要包括：1.經濟規模；2.專利的保護；3.產品差異化品牌之知名度；4.轉換成本；5.資金需求；6.獨特的配銷通路；7.政府的政策。

(二) 供應商的議價能力：供應商可調高售價或降低品質，對產業成員施展議價能力，其議價能力與購買者的力量互呈消長。強勢的供應商特性如下：1.由少數供應者主宰市場；2.對購買者而言，無適當替代品；3.對供應商而言，購買者並非重要客戶；4.供應商的產品對購買者的成敗具關鍵地位；5.供應商的產品，對購買者而言，轉換成本過高；6.供應商易向前整合。

(三) 購買者的議價能力：購買者對抗產業競爭的方式，是設法壓低價格，爭取更高品質與更多的服務。購買者有較強的議價能力，其特性如下：1.購買者群體集中，採購量很大；2.採購標準化產品；3.轉換成本極少；4.購買者易向後整合；5.購買者的資訊充足。

(四) 替代品或服務的威脅：產業內所有的公司都在競爭，同時也和生產替代品的其他產業相互競爭，替代品的存在就會限制產業的獲利。當替代品在性能、價格上，所提供的替代方案越有利時，對產業利潤的威脅就越大。

替代品的威脅來自於：1.替代品有較低的相對價格；2.替代品有較強的功能；3.對購買者而言較低的轉換成本。

(五) 現有廠商的競爭程度：產業運用價格戰、促銷戰，及提升服務品質等方式互相競爭，競爭行動開始對競爭對手產生顯著影響時，就可能招致還擊。若是競爭行為越趨激烈，甚至採取若干極端措施，產業就可能陷入低迷。影響同業競爭強度的因素如下：1.產業內存在眾多或勢均力敵的競爭對手；2.產業成長的速度很慢；3.高固定或庫存成本；4.轉換成本高或缺乏差異化；5.產能利用率的邊際貢獻度高；6.多變的競爭者；7.高度的策略性風險；8.高退出障礙。

波特的五力分析模式

潛在的
進入者

↓ 新進入者的威脅

產業內的
競爭者

供應商 —供應商談判力→ ↺ ←買方談判力— 買方

現存廠商間的
競爭

↑ 替代品的威脅

替代品

資料來源：Michael Porter
(1985), *Competitive*
Advantage, p. 23

059

新進入者障礙

既有者的經濟規模 →		← 轉換成本
專利保護 →		← 資金需求
品牌知名度 →		← 獨特配銷通路

↑

政府政策

強勢供應商特性

① 少數供應商主宰市場
② 無適當之替代品
③ 購買者非主要客戶
④ 對購買者具成敗關鍵
⑤ 對購買者轉換成本過高
⑥ 供應商易向前整合

Unit **3-7**
GE模式

一、「GE矩陣」分析模式起源

　　GE模式係麥肯錫管理顧問公司（McKinsey & Company），在1970年被委託參與通用電器（General Electric，GE）策略事業組合顧問案時，針對內部擁有多個策略事業單位（Strategic Business Units，BSU）的大公司、大集團，進行事業組合分析時，所應用的一種分析模式。

二、「GE矩陣」分析模式的內涵

　　GE矩陣的橫座標代表策略事業單位的競爭力（competitive strength），共分為低、中、高三個尺標，縱座標代表產業市場（外部）吸引力（industry attractiveness），也分為低、中、高三個尺標，形成3×3＝9個象限的矩陣如下圖：

	競爭優勢		
市場吸引力	**High**	**Medium**	**Low**
High	增加投資	增加投資	維持現狀
Medium	增加投資	維持現狀	折現處分
Low	維持現狀	折現處分	折現處分

三、「GE矩陣」模式策略意涵（Strategic Implication）

　　GE矩陣的策略意涵，應用GE矩陣分析，決定各策略事業單位的策略位置及發展潛力，決定採取何種資源分配的策略，對應策略包括三種。

　　(一) 增加投資（Grow）：增加投資的目的，主要是為了：1.投資保持成長；2.集中力量維持成長；3.強化弱勢領域。究竟何者適用增加投資？最主要的是針對市場吸引力高，且競爭力高的策略事業單位；市場吸引力高而競爭力中等的策略事業單位；市場吸引力中等，而競爭力高的策略事業單位。

　　(二) 維持現狀（Hold）：維持現狀最主要是為了：1.維持現行盈餘狀況；2.集中力量在具吸引力之市場區隔；3.集中力量投資獲利性高、風險低之市場區隔；4.建立防護優勢。對於市場吸引力中等且競爭力中等的策略事業單位、市場吸引力低而競爭力高的策略事業單位；市場吸引力高而競爭力低的策略事業單位，都可以採取維持現狀的策略。

　　(三) 折現處分（Harvest）：折現處分最主要是為了：1.維持盈餘；2.保護在獲利性最高市場區隔之競爭地位；3.減少投資，設法將資源移往其他用途，以尋求新投資機會。究竟何者適用增加投資？最主要的是針對市場吸引力低，且競爭力低的策略事業單位；市場吸引力低，而競爭力中等的策略事業單位；市場吸引力中等，而競爭力差的策略事業單位。

GE模式主軸

市場吸引力

競爭優勢

GE模式策略意涵

GE模式策略意涵

增加投資

- 投資保持成長
- 集中力量維持成長
- 強化弱勢領域

維持現狀

- 維持現行盈餘狀況
- 集中力量在具吸引力的市場區隔
- 集中力量投資獲利性高、風險低之市場
- 建立防護優勢

折現處分

- 維持盈餘
- 維持獲利最高市場中的競爭地位
- 將資源移往其他用途

Unit **3-8**
產業價值鏈

一、「產業價值鏈」模式的內涵

　　產業的生產流程，基本上就是價值鏈的流程。產業價值鏈是跨越許多不同企業，因此可分割成許多不同的活動，這些不同活動的串聯，就構成產業價值鏈，此涵蓋創新－研發－設計－製造－裝配－物流－行銷－服務－品牌。

二、產業價值鏈的任務

　　價值鏈（value chain）的觀念，由波特（Michael Porter）在1975年提出，他將企業營運的活動，分主要任務與支援任務等兩大部分。

　　(一) 主要任務：主要任務是由製造、銷售、運輸、倉儲、裝卸、包裝、流通加工、送達買方，以及售後服務等相關活動所組合而成。主要任務可再細分為五類，分別為：

　　1.進料後勤（inbound logistics）；

　　2.生產作業（operations）；

　　3.出貨後勤（outbound logistics）；

　　4.行銷（marketing）與銷售（sales）；

　　5.服務（service）。

　　(二) 支援任務：支援任務是支援主要任務的相關活動，此項可再細分為四類，分別為：

　　1.採購（procurement）；

　　2.技術發展（technology development）；

　　3.人力資源管理（human resource management）；

　　4.企業基礎建設（firm infrastructure）。

　　右圖採購、技術發展與人力資源管理的虛線，表示這些支援任務的活動，可分別結合特定的主要任務，以支援整個價值鏈。企業基礎建設雖然並沒有與主要任務的相關活動結合，但仍是支援整個價值鏈所不可或缺的部分。

三、「產業價值鏈」模式策略意涵

　　產業價值鏈可準確分析價值鏈，各個環節所增加的價值。企業可針對自己核心能力的部分，發展成整個產業價值鏈中的每一個環節，像研發、生產、物流等環節。例如：104人力銀行專職於人力仲介、台積電集中力量於晶圓代工、頂新從事油品業務。同時有越來越多的企業，將原本屬於價值鏈中，主要活動的生產流程，外包給其他企業處理，如Apple公司與富士康的代工關係、Google Phone與宏達電HTC的合作關係。

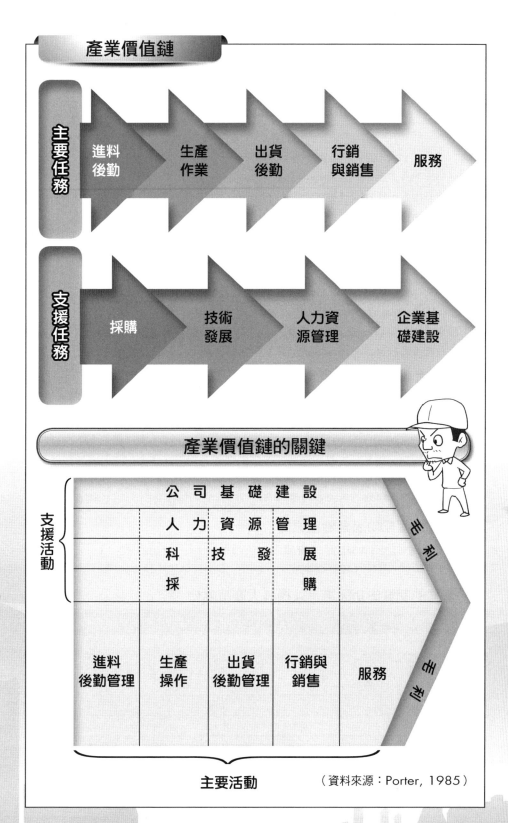

産業價值鏈

	主要任務				
	進料後勤	生產作業	出貨後勤	行銷與銷售	服務

	支援任務			
	採購	技術發展	人力資源管理	企業基礎建設

産業價值鏈的關鍵

支援活動	公 司 基 礎 建 設				
	人 力 資 源 管 理				
	科 技 發 展				
	採 購				
	進料後勤管理	生產操作	出貨後勤管理	行銷與銷售	服務

主要活動

（資料來源：Porter, 1985）

Unit **3-9**
產業關鍵成功因素

每個產業都有其關鍵成功因素，所以從企業轉型或投資人的產業分析，產業關鍵成功因素都是不可或缺的分析途徑。

一、產業關鍵成功因素（Critical Success Factor, CSF）的界定

產業關鍵成功因素的意義是，產業最重要的競爭能力或資產，唯有把握住產業的關鍵成功因素，產業才能建立持久性競爭優勢。因產業目標不同，成功定義便不同。產業關鍵性的成功因素，也會不同。

二、找出產業關鍵成功因素的方法

找出產業關鍵成功因素五大步驟：1.確認該產業與競爭環境有關的因素；2.每個因素依相對重要程度，給予不同的權數；3.在該產業中，就其競爭激烈的程度給予不同的評比；4.計算每一個因素的加權分數；5.每一個因素再與實際核對，比較其優先順序。

三、產業關鍵成功因素的內涵

最常見的關鍵項目，可分為主要活動與支援活動。(一) 主要活動：大致可分為製造研發創新能力、製造品質掌握能力、行銷推廣能力、產品商品化能力與品牌形象塑造能力。(二) 支援活動：專利與智慧財產權、技術研發與創新能力、創新應用與知識整合能力、技術、研發人員素質培養能力、高階主管的特質。

四、產業關鍵成功因素變化原因

產業關鍵成功因素屬動態，會隨四大主因而變：(一) 產業特性；(二) 產業驅動力；(三) 產業競爭狀況；(四) 時間變化。

五、產業的關鍵成功因素，以機器人產業為例

評估項目	絕對權重	重要性排序
製程研發創新能力	0.25	1
製程品質掌握能力	0.2	2
技術、研發人員素質培養能力	0.16	3
上、中、下游人力整合	0.14	4
產品商品化能力	0.11	5
品牌形象塑造能力	0.1	6
行銷推廣能力	0.9	7
專利與智慧財產權	0.8	8
國家獎勵方法與條例	0.7	9

找出產業關鍵成功因素

找出產業關鍵成功因素

→ 確認該產業與競爭環境有關因素

→ 依重要程度每個因素給予權重

→ 就競爭程度給予評比

→ 計算每個因素的加權分數

→ 實際核對優先順序

Leidecker＆Bruno（1984）七種確認CSF的技術

分析法	涵蓋層面	來源
環境分析法	總體面	公司高層主管對環境偵測
產業結構分析法	產業總體面	不同的產業結構分析
產業／企業專家分析法		對於本產業瞭解深入之各種專家學者或從業人員
競爭分析法		高階管理者、企業內部幕僚群、企業外部顧問
產業領導者分析法	產業個體面	同上
企業本質分析法		企業內部幕僚群
暫時／突發因素分析法		企業內部幕僚群、腦力激盪數、決策階層

產業關鍵成功因素內涵

主要活動

- 製造研發創新能力
- 製造品質掌握能力
- 行銷推廣能力
- 產品商品化能力
- 品牌形象塑造能力

支援活動

- 專利與智財權
- 技術研發與創新能力
- 創新應用與知識整合能力
- 研發人員素質培養能力
- 高階主管特質

Unit **3-10**
產業結構與競爭分析

一、產業結構模式分析

分析產業結構,最主要的關鍵點,有四大項。

(一) 產值與就業人數:產值、從業人數、平均各家業者從業人數、歷史發展過程。

(二) 技術:生命周期、技術S-Curve之定位。

(三) 現況與願景:包括產業現況、市場現況(市場需求、市場大小、消費者行為)、未來趨勢(全球與區域)、願景(區域)。

(四) 產品的關聯性:關聯性高的產業,彼此之間轉型容易,而且也容易增加產品的生產線。產品的關聯性,包含設施、材料、技術、市場以及通路。

二、競爭優勢來源分析

(一) 產業競爭優勢來源:產業競爭優勢來源,包括生產要素、市場層面(市場需求、與顧客關係)、技術或研發(創新、研發技術、製成技術)、產業結構組成(上下游廠商的關係、相關支援廠商的配合)、基礎建設(研發機構、科學園區)、行銷方式、通路、法令(租稅優惠、土地開放等配套)、相關扶植政策(興建科學園區、研發計畫、創業投資)、企業定位(企業採行的主要策略,例如:水平或垂直整合、水平或垂直分工、多角化、策略聯盟)、產品標準的制定、企業營運管理能力、其他。

(二) 產業領先條件(locus of industrial leadership):包括在國家面、產業面與企業面的領先重點,並涵蓋產業在資源、機制、市場、技術方面的競爭條件之分析說明。

(三) 關鍵成功因素(Key Success Factors,KSF):

1.是否具備產業關鍵性優勢因素。

2.能否形成差異性,形成有效藍海策略。

3.可承受環境變動,與競爭者反擊之行動。

三、SWOT分析

分析產業目前與未來發展所具有之優勢、劣勢、威脅與機會,以掌握產業競爭優勢,並探討後續發展方向。

四、從國家產業政策角度,發展產業競爭優勢的條件

(一) 競爭必要條件的確認;(二) 發展更好的優惠措施;(三) 產業創新需求要素;(四) 技術與市場發展的配合;(五) 技術與產品發展的配合;(六) 技術與企業發展的配合。

產業結構分析

產值與
就業人數

技術

現況與願景

競爭優勢來源分析

競爭優勢來源

競爭優勢來源分析

產業領先條件

關鍵成功因素

生產要素

市場

技術

產業結構

基礎建設

行銷

通路

法令

扶植政策

國家

產業

企業

發展產業優勢條件

競爭必要條件確認

發展更好的優惠條件

產業創新需求要素

技術與市場發展的配合

技術與產品發展的配合

技術與企業發展的配合

Unit 3-11
鑽石模型理論

一、「鑽石模型」理論的起源

　　麥克‧波特（Michael E. Porter）於1990年《國家競爭優勢》（*The Competitive Advantage of Nations*）一書中，提出了所謂「鑽石模型理論」，認為國家是企業最基本的競爭優勢，因為國家能創造並持續企業的競爭條件，政府不但影響企業決策，也是創造並延續生產與技術發展的核心。

二、「鑽石模型」理論的內涵

　　產業在激烈的國際競爭中，要如何嶄露頭角？這主要受六項環境因素所影響。

　　(一) 生產要素：國家在特定產業競爭中，有關生產方面的特殊表現。每個國家都有不同的要素稟賦，應該善用其優異生產條件，來發展相關產業。生產要素主要分成以下五大類：

> 　　1.人力資源：人力的數量、技術及成本等；
> 　　2.天然資源：天然資源的藏量與品質，包括可取得的土地、水源與礦物等，以及天候及地理位置；
> 　　3.財富資源：金融產業的資金數量及成本，以及資本市場的結構等；
> 　　4.基礎建設：基礎建設的數量、形式、品質與使用成本，皆會影響競爭力。基礎建設包括運輸系統、電訊系統、醫療系統、郵政系統等；
> 　　5.知識資源：有關於財貨與勞務的科學、技術及市場知識的多寡。

　　(二) 需求：需求涵蓋：1.國際市場；2.國內市場。

　　(三) 廠商策略、結構以及同業競爭：激烈的國內競爭，有助於促使國內廠商，不斷地改進各種技術，或進行技術創新，以維持其競爭優勢，無形中會強化國際競爭的優勢。

> 　　1.推進企業走向國際化競爭。
> 　　2.國內競爭太激烈，資源過度耗費，反而會妨礙規模經濟。
> 　　3.成功的產業通常先經過國內市場的競爭，使其創新及改進。

　　(四) 相關和周邊產業：優勢的產業，是與其相關的周圍體系，形成完整配套。

　　(五) 政府：波特指出，從事產業競爭的是企業而非政府，政府不能決定企業，應該發展哪些產業，政府只能提供企業所需的資源及環境。

　　(六) 機會：機會是無法預知或掌控的偶發事件，它可能會對現有的市場競爭地位，或其他構面產生有利影響。常見的事件有新發明、基礎科技的突破、戰爭、外在的政治發展、國外市場需求的改變等，進而影響其競爭優勢。

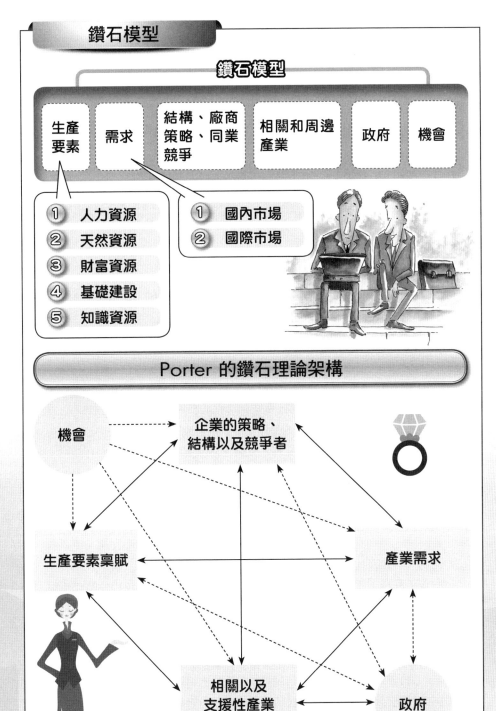

鑽石模型

鑽石模型

| 生產要素 | 需求 | 結構、廠商策略、同業競爭 | 相關和周邊產業 | 政府 | 機會 |

① 人力資源
② 天然資源
③ 財富資源
④ 基礎建設
⑤ 知識資源

① 國內市場
② 國際市場

Porter 的鑽石理論架構

機會

企業的策略、結構以及競爭者

生產要素稟賦

產業需求

相關以及支援性產業

政府

資料來源：Porter (1990), *The Competitive Advantage of Nations*, NY: The Free Express, p. 127

Unit **3-12**
產業群聚

一、產業群聚定義

可從三個角度，對產業群聚下定義。

(一) 空間的區位鄰近：廠商在空間上，發生集中的情況。

(二) 特定部門集中：群聚內成員的特殊表現，會集中在某些特定部門中。

(三) 廠商間之關係：集中的廠商，彼此之間會有供需、資源分享、競爭合作、技術交流等多元的關係。

二、產業聚落應具備的條件

形成產業群聚的前提，該產業符合當地的比較優勢。以下是產業聚落應該具備的條件：

1. 基礎建設完備：包括水電通訊、合適的土地、居住環境，及政府一次解決的服務點。

2. 技術與創新：區域的成形，可以讓這些產業有一個疆界的地理位置，在這個疆界中，具備創造力及技術創新，而提高成長的動能，這還是最重要的。

3. 充沛的人力資源：人力資源是產業群聚不可或缺的成分。人力雖可自國外引進一部分，但本土化培養更是關鍵。有關人力投資對產業群聚亦勢在必行。雖無法證明人力培訓機構（如大學）須坐落在群聚內，但地理的接近性，有助於知識的傳播，再加上政府相對的投入，將有利人力發展加速養成。

4. 市場需求：市場需求成長不足，產業聚群不會出現。因此與一個成長中的市場串聯，跨界連鎖或國際互動，對形成產業群聚是必要的。例如：對大部分開發中國家而言，已開發國家為主要成長中的市場，因此，出口至此等市場能力，為產業群聚成功的關鍵。

5. 電子商務：電子商務是商機，更是生機，尤其是在全球化的時代，電子商務具有一天24小時服務、廣告與宣傳的功能，因此產業群聚是否能善用電子商務，找尋與服務全球客戶，是產業群聚成敗的重要關鍵。

6. 產業分工：產業垂直的分工，可以讓小規模專業供應商，獲得規模經濟的好處，此為聚落重要的驅動力量。垂直分工是競爭的結果，透過外包與委外，以降低生產成本的需求。政府政策此時應該確保該產業內競爭力量能發生作用，但千萬不要嘗試保護新生企業，而造成壟斷的局面。

7. 鼓勵新企業的進入。

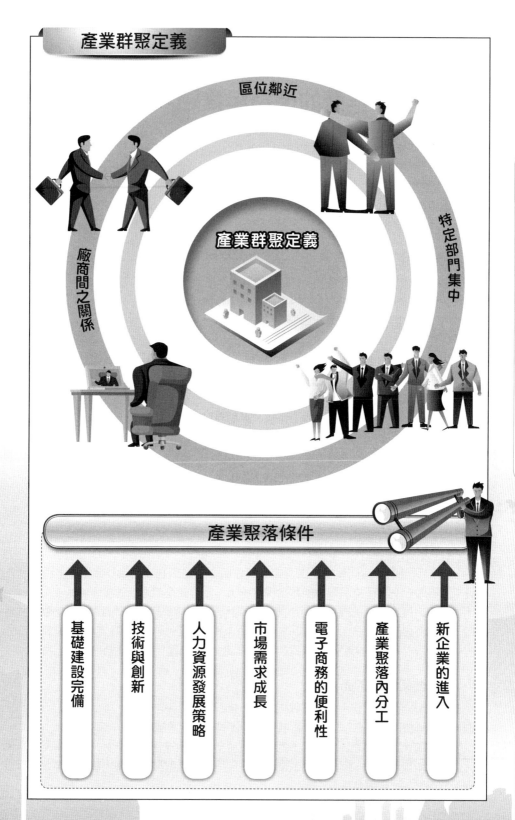

産業群聚定義

區位鄰近

特定部門集中

廠商間之關係

產業群聚定義

產業聚落條件

基礎建設完備

技術與創新

人力資源發展策略

市場需求成長

電子商務的便利性

產業聚落內分工

新企業的進入

Unit 3-13
產業群聚的優勢與實踐

一、產業群聚的優勢

產業在特定地點集中之後，會產生固定的「專業技術市場」、「補助性行業」，和「增加新觀念的傳遞、討論或改善」，進而可創造地區的巨大優勢。藉由共同區位產生聚集經濟（agglomeration economies），這涵蓋內部的經濟與外部經濟，同時也可節省營運成本。

二、優勢原因

產業聚集具有動態的效果，隨著時間的演進、經濟發展、政策等因素發生變遷。

(一) 專業供應商的出現：
1.廠商聚集、需求增加，可以使聚集在此地的廠商以較低的成本取得原物料、材料；
2.使生產成本下降，提高生產效率。
(二) 專業技術人員：
熟練、有技術的勞工，在找工作時，更易到群聚廠商的所在。如此一來，廠商能容易找到具技術的勞工，勞工也易找到其專長的工作。
(三) 知識和技術的傳播：
產業群聚的形成，可促使區域內廠商互相學習，知識與技術在聚落內快速流動擴散，進而提高聚落內廠商生產力。

三、產業群聚在臺灣的實踐

產業群聚可讓產業間彼此產生互補、良性競爭。過去在因應全球化競爭，及產業分工重整時，臺灣產業群聚發展類型相當多元。這可從臺灣過去的科學園區、工業區、加工出口區，成功的經驗得到印證。據統計，三大科學園區在民國102年營收、出口，雙雙再創歷史新高，全年營收新臺幣2兆1,875億元。竹科營收1兆1,125億元，年成長5.1%；中科4,599億元，年成長42.2%；南科6,151億元，年衰退1.1%。

四、臺灣產業群聚的布局

就空間分布型態而言，北部區域主要為「電子科技產業群聚」，中部區域為「精密機械及工具機產業群聚」，南部區域為「鋼鐵機電石化產業群聚」。

就地方特色產業群聚而言，岡山螺絲螺帽產業（組織複合型群聚）、鶯歌陶瓷產業（服務創新型群聚）、南港軟體工業園區（科技利基型群聚）及華山藝文特區（在地創新型群聚），均頗負盛名。

產業聚落優勢

專業技術
市場

補助性行業的
產生

新觀念的
傳遞

產業聚落優勢的「原因」

```
產業聚落          專業廠商出現          低成本取得原料
優勢的
「原因」                                提高生產效率
                  專業技術人員
                                        易獲得有技術之
                                        勞動力
                  知識和技術
                  的傳播
```

073

地方特色群聚

鶯歌陶瓷產業

高雄石化、鋼鐵產業

地方特
色群聚

南港軟體園區

岡山螺絲螺帽產業

華山藝文特區

豐原薩克斯風產業

第 **4** 章
投資人的產業分析

●●●●●●●●●●●●●●●●●●●●● 章節體系架構 ▼

Unit 4-1　股票投資產業分析

Unit 4-2　個股投資的產業分析

Unit 4-3　產業特性

Unit 4-4　投資產業型基金原則

Unit 4-5　創業時的產業分析選擇

Unit **4-1**
股票投資產業分析

　　產業分析不是只有政府與企業的角度，事實上，投資人也要進行產業分析。

　　由於股票是國內投資人最熱衷的投資標的之一，所以本章特別從投資人的角度，進行相關相關的產業分析。

　　投資股票或基金，應該注意的三步驟說明如下：

一、瞭解個股所屬的產業

　　上市公司所屬之產業（其產業分別為水泥、食品、塑膠、紡織、電機、電器、化學、玻璃、紙類、鋼鐵、橡膠、汽車、電子、營建、運輸、觀光、金融、百貨及其他）。

二、分析產業報酬率

　　不同產業的報酬，會因多種狀況的不同，而有很大的差異性。在進行產業分析時，要將產業目前的狀況分清楚。

　　(一) 成長型產業：產業因新技術的突破，而能推出新產品、新服務。譬如，雲端產業、機器人產業、3D產業、生技產業等。這類產業獲利的特性是，受景氣循環的影響小獲利優於整體經濟表現。

　　(二) 循環型產業：這類產業的獲利與景氣密切連動。景氣往上走高，這類產業的獲利也會跟著向上。當景氣衰退時，營運表現也將隨之掉落谷底。譬如，汽車產業在景氣佳時，市場銷售量會增加。

　　(三) 防禦型產業：這類產業基本上與景氣脫鉤，也就是說，景氣向上時，消費者必須使用；景氣向下時，消費者還是必須使用。譬如，生技產業就是典型例子。

　　(四) 利率敏感型產業：產業的獲利與利率密切連動。譬如金融業，當利率向上時，該產業獲利佳。可是對於房地產的產業，會因利率向上，造成買屋者的龐大負擔，而影響該產業的獲利。

三、挑產業個股報酬率高者

　　產業對了，就成功一半，接下來再從對的產業挑出較有潛力的個股。找到想要投資的產業，再從這些產業中，找到個股報酬率高的公司。目前臺灣的股票市場，隨著整體經濟環境的變遷，及在股市資訊透明化上，持續的發展，使得上市上櫃公司資訊的取得，具有相當的便利性。因此挑選產業個股報酬率高者，都有公開的資訊，所以並非難事。

投資股票、基金注意事項

瞭解個股
所屬產業

分析產業
報酬率

挑產業個股
報酬率高者

產業現況類別

成長型產業

循環型產業

産業現況
類別

防禦型產業

利率敏感型產業

Unit **4-2**
個股投資的產業分析

一、確認產業生命周期的位置

　　各產業所處的景氣位置，並不一定相同。所以要確認產業生命周期的位置，或它對景氣的敏感度，來做需求及成長進行預測。在這個部分，要特別注意 (一) 對產品的需求，是從哪裡來？誰在買？為什麼？(二) 產品的未來需求；(三) 客戶群分析。如果客戶群過度集中，這也是危險指標。因為其中只要有一個大客戶，被競爭者吸引走，公司立刻就可能發生產能過剩的危機。

二、公司在產業中的競爭力

　　在競爭的環境中，有許多競爭者相互競爭，因此公司的績效表現，非常的重要。毛利率代表的就是公司的成本控管力，也代表公司在產業中的競爭力。毛利率是毛利除以營收；毛利是公司的營收扣除營業成本。營業成本是與產品直接相關的支出，像是原料成本、設備折舊成本、工廠員工薪資成本等。

　　譬如，以蘋果鏡頭供應鏈大立光（3008）、玉晶光（3406）為例，大立光的毛利率，一直以來都高於玉晶光。主因為大立光製造鏡頭的良率高、速度快、自動化程度高等，故大立光持續在蘋果鏡頭供應鏈中領先群雄。這就是投資者可以選擇投資的股票。

三、業外收益占稅前淨利比過高，投資宜謹慎

　　公司的稅前淨利，是由公司的「本業獲利」與「業外獲利」相加所得，本業獲利就是營業利益，業外獲利就是業外收入減去業外支出。業外收入項目很多，像是投資收益、處分投資（固定資產）利益、兌換利益、金融資產評價利益等，而業外支出則是相反的投資損失、處分投資（固定資產）損失、兌換損失、金融資產評價損失等。一般來說，公司的本業獲利會較為穩定，透明度較高，業外獲利則會大幅波動，透明度也較差。所以我們會希望公司的稅前獲利最好都是來自於本業，來自於業外的比重則越低越好，最好不要超過30%。

四、公司缺德的股票別碰

　　公司財務通常只要三顆印章就能搞定：公司大章、財務主管小章、老闆小章。如果公司經營者不道德，投資者很難分到股利，而且很可能掏空公司資產。這類上市公司缺德的例子，實在不勝枚舉。

　　但是投資人可以從指標中，防範個人不幸發生。這個指標就是老闆個人持股的比例。如果老闆持股比例越高，就越不會掏空公司。因為如果公司虧錢，就等於自己虧錢。相反的，如果老闆持股只有1%，公司賺錢，99%要分給股東，這時老闆就很容易缺德。

個股投資之產業分析

確認產業生命周期位置

公司在產業中的表現

業外收益過高宜謹慎

公司缺德的股票別碰

公司缺德的類別

對員工缺德

對股東缺德

對政府缺德

公司缺德的類別

對社會缺德

對所在地缺德

對消費者缺德

Unit **4-3**
產業特性

　　以我國股票上市集中市場而言，投資標的可劃分為：水泥、食品、塑膠、紡織、電機、電器、生化、化學、生技、玻璃、紙類、鋼鐵、橡膠、汽車、電子、半導體、電腦、光電、通信、電子零組件、通路、資訊服務、他電、營建、航運、航運、觀光、金融、貿易、油電、其他等三十一大產業類股。

　　以下透過產業特性，將產業類股分為以下十一大類：

　　一、基本物料：基本的原物料產業是高度周期波動的產業，因此在進行基本物料產業的投資時，投資人必須緊密關注總體經濟的情勢。

　　二、周期性消費：周期性消費類股的表現，與經濟周期有相當大的關聯性。譬如，汽車銷售、醫療需求、工廠設廠等，幾乎都和景氣循環直接或間接連動。在經濟不佳的時期內，消費者會試圖降低非必需品的消費，因而會對周期性消費企業造成衝擊。

　　三、金融服務：該產業中包含了銀行、資產管理、保險、券商及交易所等公司。在經濟狀況較佳期間，金融服務公司的獲利會較為穩定，但在經濟遭受衝擊的時期，該類型公司便可能會因淨利息收益率下降，及信貸損失增加而遭受較大的衝擊。

　　四、房地產：擁有、經營管理、開發、投資於房地產，或提供相關仲介服務的公司，皆屬於房地產業。在經濟成長較佳及高通貨膨脹率的期間內，房地產業的投資，往往會有較佳的報酬率。

　　五、防禦性消費：製造食品飲料、家庭與個人消費產品、菸草，及提供教育訓練服務的公司，皆屬於防禦性消費產業。該產業較不會受到經濟周期的影響。

　　六、醫療保健：製造、生技、醫療器材、醫療服務等公司，較不會受到景氣波動的影響，是不可或缺的產業。

　　七、公用事業：公用事業通常為輸送電力、天然氣與自來水的公司。這類型公司通常具有強勁的現金流量與較高的配息率。

　　八、通訊服務：提供固網及無線網路服務，這類產業被視為安全、保守的行業，較不會受到景氣波動的影響。

　　九、能源：能源產業內的公司，為從事石油及天然氣上游（探勘與生產石油及天然氣）、中游（運輸、儲存）及下游（石油精煉）相關活動的企業。

　　十、工業：多元化製造、運輸、汽車、重型機械設備等公司，皆屬於工業類股，在進行工業類股的投資前，投資人應評估經濟好壞，對一間公司所會造成的影響。

　　十一、科技：著重研發並提供科技產品與服務，該產業包含硬體、軟體及半導體等子行業。該產業的主要特色是，創新、競爭與快速成長。

投資人須知的產業特性

產業特性的股票類別

1. 基本物料
2. 周期性消費
3. 金融服務
4. 房地產
5. 防禦性消費
6. 醫療保健
7. 公用事業
8. 通訊服務
9. 能源
10. 工業
11. 科技

周期性消費

汽車銷售

醫療需求

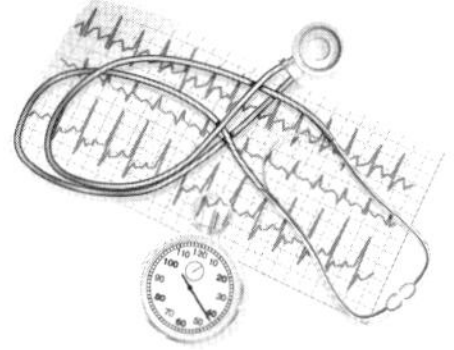

工廠設廠

食品

能源

石油、天然氣探勘（上游）　→　運輸、儲存（中游）　→　石油精煉（下游）

Unit **4-4**
投資產業型基金原則

　　因為不瞭解產業特性，在投資產業型基金時，吃了大虧的例子，屢見不鮮。2000年網路與電信科技泡沫吹起，掀起高科技基金募集熱，許多臺灣投資人在網通、高科技等，相關基金虧損七至八成者，比比皆是。

　　黃金與貴金屬基金、科技型基金、電子、生技、醫療產業基金，這些都是屬於當前正熱門的產業基金。若投資這類的產業型基金，究竟應該注意哪些原則？

　　一、確認基金位置：把該檔基金相對應的基準指數調出來，判斷自己進場時，所處的點，究竟是高點還是低點。若是高點，就應該戒慎恐懼，小心反轉直下。

　　二、重視「擦鞋童」理論：市場走多頭，當社會普遍在談論（過往的指標是擦鞋童），這檔產業型基金多好賺之時，反而要克制自己的貪婪，小額扣款淺嘗即可。因為某些投資人，可能已從中賺取到豐厚的報酬時，此時再進場投資相關的產業型基金，可能為時已晚。

　　三、機動調整：投資產業型基金，必須視產業景氣變化調整部位，彈性要大，反應要快。有人說投資期間10年，投資報酬的機會較大，其實不然。因為景氣或局勢一旦有變，若仍持守既有的產業基金，恐將使之前的獲利回吐。譬如，受到烏克蘭與俄羅斯政治緊張影響，導致避險資金流入天然資源與貴金屬，而使這類產業基金報酬最大。

　　四、布局要早：找尋具有未來潛力，但目前似乎較不受到市場青睞的產業，這樣的投資，便較可能會找到一個即將起漲的投資標的。

　　五、豐富產業經驗的管理團隊：投資於產業型基金最主要價值所在，就是投資人可以找到一位基金經理人，而其所擁有的特定產業專業知識，勝過於非產業型股票的基金經理人。因此，投資人在挑選產業型基金時，應鎖定在特定產業領域中，具有長期優異績效紀錄的基金經理人。

　　六、不要忽略成本：短期快速獲利的想法，往往會導致投資人忽略產業型基金所收取的費用，由於每檔基金的收費略有不同，投資人在進行投資前，不妨多加比較後，再進行選擇。

　　七、秉持初衷：倘若你當初買進一檔基金的理由（優異的基金經理人或長期趨勢正面），已不再成立，投資人便應考慮賣掉該檔基金。也就是說，如果投資人發現當初投資的原因並不正確，或你所青睞的基金經理人已經離職，便應考慮賣掉基金。

　　八、核心資產應保持機動性：雖然，產業型基金可與投資組合中的其他投資互補，或在投資組合中，扮演著投機性賺取超額報酬的角色。

投資產業型基金原則

1.確認基金位置	2.重視「擦鞋童」理論
4.布局要早	3.機動調整
5.經驗豐富的管理團隊	6.不忽略成本
8.核心資產應保持機動性	7.秉持初衷

產業型基金類別

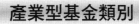

黃金與貴金屬基金

醫療產業基金

科技型產業基金

產業型
基金類別

生技產業基金

電子產業基金

Unit **4-5**
創業時的產業分析選擇

俗語說：「男怕入錯行」，在創業時，也應有同樣的思維。因為在創業的路上，就因選錯產業，曾造成許多本是創業英雄的人，卻落得血本無歸、悔恨不已。

創業者一般來講，在選擇哪一種產業來創業時，需注意以下幾點：

一、考量產業前瞻性

選擇具前瞻性之行業，切莫選擇夕陽產業，這會使得創業之途，更加困難。

二、考量產業獲利率

要選擇獲利較高的產業，尤其是這個產業處於成長期的產業，這樣的創業，因市場需求大，利潤相對較高。但假如選擇的產業處在微利的成熟期，或需求萎縮的衰退期，獲利率不高，這樣的創業，失敗率相對較高。

三、考量產業進入障礙

經濟規模、資本規模、通路進入、政府政策……，都可能形成產業進入障礙。譬如，半導體產業的進入障礙很高，因為一座半導體廠，需要投資美金10億元以上。

四、考量產業風險

風險低、回收率較快的產業，對創業者來說，主要特色是：(一) 進入門檻低；(二) 資本額小；(三) Know-How 簡單易複製；(四) 管理容易；(五) 體力要求低等。要選擇風險低、回收率較快的產業，因為創業初期資金較短缺，若選擇風險低且回收較快的產業，可避免資金被卡死，無法運用而導致周轉不靈之窘況。

五、考量興趣、專業

創業者是否具備該產業充分的專業與興趣，這是創業第一考量。在隔行如隔山的狀況下，假若所創之事業，並非自己熟悉的產業，往往會遇到各種問題。這對於創業來說，是非常危險的事。所以創業所選擇的產業，一定要與自己專長及興趣有關之產業。

六、考量目標客戶群

科技業的大老，竟然轉行作鳳梨酥。最主要的思考，就是因為陸客群。在創業時，若沒有基礎的客戶群，公司就很難成長茁壯。創業時所選擇的產業，必須要考量有無廣大顧客群。

七、考量資金

創業不單只是靠創意或體力，就能夠成功的，若要安然度過創業起始階段，資金來源的穩定度，必然是創業者能否成功的必然條件。所以創業者選擇自有資金能負擔的產業，避免小孩子玩大車，而招致失敗。

創業者之產業選擇

1. 產業前瞻性	**4.** 產業風險
2. 產業獲利率	**5.** 興趣&專業
3. 產業進入障礙	**6.** 目標客戶群
	7. 資金

創業者之產業選擇

?!

① 經濟規模　　③ 通路進入
② 資本規模　　④ 政府政策

風險低、回收快的產業特色

5.
體力
要求低

4.管理容易

3.Know-How
簡單易複製

2.資本額小

1.進入門檻低

產業發展與轉型

第5章　產業發展理論

第6章　產業結構與標準

第7章　產業發展 ── 創新、倫理、國際化

第8章　產業危機管理能力

第9章　產業轉型

第10章　產業政策

第 5 章
產業發展理論

章節體系架構 ▼

Unit 5-1　產業發展元素

Unit 5-2　影響產業發展的大關鍵

Unit 5-3　產業經營環境的大趨勢

Unit 5-4　全球產業發展趨勢

Unit 5-5　產業發展需要資金

Unit 5-6　併購

Unit 5-7　發展品牌

Unit 5-8　產業經營環境

Unit 5-9　臺灣產業發展策略

Unit 5-10　產業努力的方向與配套

Unit 5-11　服務業發展方向

Unit **5-1**
產業發展元素

　　產業的發展，需要多方面的因素組合。以會展產業為例，發展該產業，在硬體設施的部分有：會議或活動場地、電腦網路、投影視訊、會場設計及裝潢、舞臺布置、音響工程、燈光特效、同步翻譯等視聽設備；軟體部分則有：會展籌辦、公關行銷、活動企劃、廣告媒體、平面設計及印刷、觀光旅遊、餐飲及住宿、保險、交通運輸等。以下列出產業發展的關鍵。

　　一、抓住趨勢：人跟著工作機會走，工作機會跟著產業走，產業跟著趨勢走。

　　趨勢就是一種需求，產業若能抓住市場趨勢，就有生存的商機。目前食、衣、住、行、育、樂、安全等各方面，都有不同的發展趨勢。譬如，高齡化趨勢、失智趨勢（忘了我是誰）、「宅」（男、女、童、老人）趨勢、財富L型化趨勢、癌趨勢等。

　　二、產業營運環境：基礎設施、貧富差距、法令規定、教育、租稅（關稅）、匯率等。以匯率為例，當生產要素的進口比例較低時，匯率的貶值，會增加本國廠商內銷獲利率；相反地，當生產要素的進口比例較高時，匯率的貶值，會減少本國廠商內銷獲利率。

　　三、產業發展政策：產業政策屬於政府層面，其主要目的，在於促進產業發展，實施方法可從產業結構、產業組織以及產業技術發展等三方面著手進行。

　　四、產業發展策略：產業發展策略屬於產業層面，不同國家、不同產業的發展策略，其差異性所帶來的結果，也會產生極大的差別。

　　五、研發創新：目前產業典範轉移劇烈，幾乎每一季都有變化。創新能降低產業生產成本，也能突破各種的門檻。因此當產業具有強大的創新能力時，則能提高生產力與生產總額。

　　六、品牌：品牌是產業的榮譽，產業若沒有品牌，在國際市場將難擴大，而且消費者也難納入採購的記憶中。所以品牌具有四大功能：
　　(一) 提升利潤；
　　(二) 提高知名度；
　　(三) 強化競爭力；
　　(四) 保護產品等。

　　七、併購：併購是指兼併（merger）和收購（acquisition）。併購目前在國際上被廣泛應用，並且成為跨入新產業領域的關鍵。

　　八、海外發展：產業若沒有走向國際，吸取國際市場與資源，那麼這樣的產業，都是屬於小的產業。臺灣四面環海，對外貿易依存度相當高，因此貿易是臺灣經濟發展不可小看的動力。

產業發展關鍵

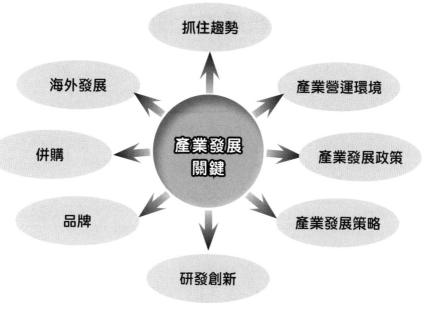

- 抓住趨勢
- 海外發展
- 產業營運環境
- 併購
- 產業發展政策
- 品牌
- 產業發展策略
- 研發創新

產業發展關鍵

品牌功能

1.提升利潤

2.提高知名度

品牌功能

3.強化競爭力

4.保護產品

Unit 5-2
影響產業發展的大關鍵

一、區域經濟整合：區域經濟整合可使區域內的企業，享有開放市場的優惠待遇，又能減少影響產業競爭力外在貿易障礙的因素。

2012年底，臺灣唯一的織襪產業的聚落，傳出史上最大的跳票潮。美國與南韓自由貿易協定（Free Trade Agreement，FTA）生效後，牽動彰化八卦山山腳下數萬人生計。從美國來的訂單，一張張消失……。2012年3月15日，美韓FTA生效，韓襪輸美關稅降至零，臺襪卻高達10%至19%。有無參與區域經濟整合，對產業發展的影響真的很大！

二、市場需求：市場需求決定供給，因此要發展某種品牌的產品，就必須估計市場的需求。市場需求涉及人口、所得、經濟成長、市場趨勢、市場規模。

譬如，印度10億人口，教育市場龐大，但因貧富差距大，而且貧者極龐大，因此推出廉價的品牌筆記電腦，就有很大的市場需求。

三、基礎設施：醫療、電力、鐵路、公路、機場或水路運輸、網路普及率等，都是重要的基礎設施。譬如電力不足，對於想要運用當地廉價勞動力的國際企業，顯然就需要再深度思考。以機場為例，已不再只是單純的起降飛機而已，而是進化成為結合客運、貨運、物流、休閒及商務等多元功能的運籌樞紐。所以有沒有機場，對於國際企業的運作影響真的很大！若是這些關鍵的基礎設施不足，國際企業所生產出來的商品，就無法及時按照客戶的要求送到消費者的手裡。所以再好的產品，如果缺乏基礎設施，一切都如空中樓閣，無法真的達到目標。

四、產業倫理：產業缺德是產業的致命傷，以擁有專利權的新藥來說，常會為藥廠帶來龐大的收入。對藥廠來說，藥物的副作用，只是賠償的「成本」，只要利益大於成本，無論有多危險，它們也會去做。這種不顧別人生死，利潤最大化的行為，與禽獸何異？消費者知道了，還會再購買嗎？

五、匯率（2014年2月11日）影響力：日圓匯率走貶是導致日本七家汽車業者獲利高漲的最大原因。2013年僅豐田汽車一家，日圓走貶效應就讓其獲利增加9,000億日圓。而七家業者合計起來，增加的獲利估計為1.74兆日圓左右，占其總預期營運獲利的40%左右。反之，由於近幾年澳幣升值、工資高漲，導致業績惡化。結果通用（General Motors）和福特（Ford）兩大車撤出後，連在澳洲生產汽車有50年歷史的豐田，也宣布2017年底之前，停止在澳洲生產汽車。豐田決定撤出澳洲時，澳洲總理艾伯特曾力勸豐田留下，仍難挽回，可見匯率的影響力。

影響產業發展大關鍵

區域經濟整合

匯率

DIJ	113.44	↑
YCH	140.97	▦
GGL	22.16	↓

影響
產業發展
大關鍵

市場需求

產業倫理

基礎建設

產業所需基礎設施

- 醫療
- 電力
- 鐵路
- 公路
- 機場
- 水路運輸
- 網路

Unit 5-3
產業經營環境的大趨勢

　　一、**氣候變遷**：氣候變遷至少產生兩大議題：(一) 土地流失：地球暖化所造成全球氣候異常現象，引發海水溫度升高、海平面上升、甚至是國土流失等新型態環境安全問題，使環保及替代能源議題持續加溫。聯合國氣候變化談判員波爾（Yvo de Boer）指出：「氣溫增加攝氏2度的結果是，所有的小島國都將消失。小島國家必須要表達，這無異是宣告它們的滅絕。」(二) 糧食、飲水、疾病：氣候變遷加劇、溫度升高，有可能增加流行病感染、糧食與乾淨水源匱缺等問題，人類健康都將遭殃。受創最深的，將是目前位在熱帶地區，尤其是發展中的國家。未來有可能導致糧食、水源不足，拉大貧富差距，也將迫使民眾大規模遷徙，進而造成社會動亂。此項趨勢，未來有利於海水淡化，及生技醫療相關產業的發展。

　　二、**人口結構變化**：根據美國人口諮詢局資料顯示，2006年全球人口已超過65億，其中65歲及以上的人口比重為7%，正式進入老年化社會的型態。人口結構老化主要因素來自於生育率的降低所造成少子化的現象。此項趨勢，未來有利於機器人產業的發展。

　　三、**失智症**：根據一項調查指出，全球民眾當被問到，最害怕罹患的疾病是什麼？癌症第一，失智症第二。英國、加拿大及日本，逾三成的民眾，害怕自己的伴侶罹患失智症。根據估計，到了2030年全球罹患失智症的人數，將高達7,600萬人，將衝擊全球經濟。

　　四、**罷工**：近幾年中國工資飛漲，甚至罷工風潮不斷，使得「自動化」成為全球製造業的新出路。在人力短缺、工資上漲的情況下，勢必得增加自動化比重，以因應龐大的組裝訂單，機器人有可能成為危險性高的工作、重複組裝動作生產線上的主力部隊。

　　五、**電子商務產業已經成為世界趨勢**：業者靠著無店面賺錢，產值也越來越大，商業司統計，2013年電子商務產值7,600多億，預估今年將會超過8,700億，明年更有可能破兆，規模驚人下，人才需求也跟著擴大。

　　六、**防治汙染需求大增**：2013年國內半導體大廠日月光驚爆排放廢水事件，震驚各界，事實上，2013年全國水汙染裁罰件數逾2,300件。

　　七、**財富集中**：法國巴黎經濟學院教授皮克提（Thomas Piketty），2013年出版的著作《二十一世紀資本論》，就直指十年來歐美為首的各國，面對金融海嘯、歐債危機時，選擇以大印鈔票，製造更多資本的方式來紓困。結果卻造成全球財富快速往少數的資本家集中。使得富者越富，貧者越貧的現象，極為嚴重。

　　八、**產品生命周期越來越短**：由於全球化經營趨勢興起，科技進步及產業環境的快速改變，產品生命周期縮短，技術生命周期也不斷縮短。

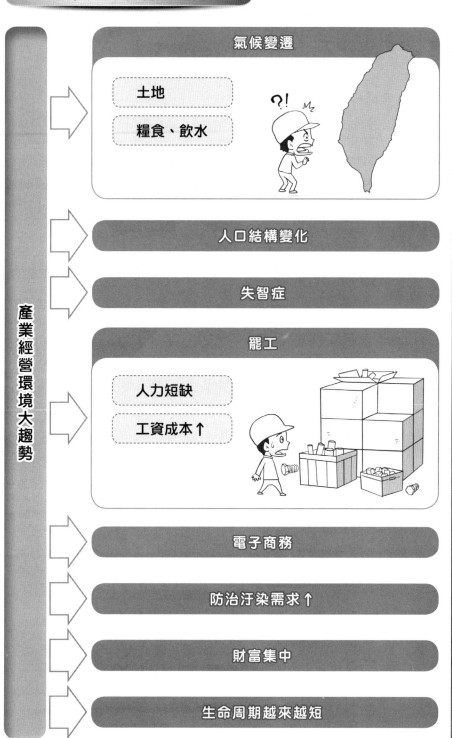

產業經營環境大趨勢

產業經營環境大趨勢

- **氣候變遷**
  - 土地
  - 糧食、飲水
- **人口結構變化**
- **失智症**
- **罷工**
  - 人力短缺
  - 工資成本↑
- **電子商務**
- **防治汙染需求↑**
- **財富集中**
- **生命周期越來越短**

Unit **5-4**
全球產業發展趨勢

一、產業發展科技化

近年來，資訊革命大步開展，科技創新一日千里。面對以科學技術知識為基礎，講求速率、效率的新世紀，科技創新將主導未來的產業發展。這些科技涵蓋了資訊科技、網路應用、自動化技術、智慧型生產等。未來十年，資訊、通訊、電子、生物技術、航太、自動化機械等高科技工業，將成為工業發展的主流。所以，工廠無人化、自動化、零庫存、機器精密化、材料性能高級化，及廢棄物充分回收利用等都會逐步實現。在生產與消費都將充分運用科技的大環境架構下，必然會提高生產的效能與生活品質。

二、國際產業分工

在關稅及非關稅障礙越來越低的情況下，國際產業分工非常的明顯；換言之，有機會將各國優勢的生產資源組合起來，例如：先進國家的資金和技術，與開發中國家的大量廉價勞工結合，以提高產業的競爭力。由於全球競爭越趨激烈，企業必須以全球化的經營來提升競爭優勢。全球製造、商情資訊的獲取，以及透過併購、技術交換、相互授權、策略聯盟等方式，走向研發及行銷全球化，將是未來發展的重點。

三、國際環保規範受到重視

聯合國於1992年召開「里約地球高峰會議」，通過21世紀議程、生物多樣性公約，以及氣候變化綱要公約。其後，歐、美工業國家紛紛以貿易制裁方式，落實國際環保規範，並已形成國際共識；而綠色生產、消費也成為國際新趨勢。

四、區域整合日趨深化

區域整合是大趨勢，中國已與南韓成立自由貿易區。就臺灣所處的亞洲經濟區域而言，以美國為首的跨太平洋戰略經濟夥伴關係協議（TPP），以及以東南亞國協為基礎的區域全面經濟夥伴協議（RECP），正如火如荼的進行。

五、全球貿易與投資自由化

1995年WTO成立後，全球自由化的範圍，由工業產品貿易擴及農業、服務業與相關的投資活動。首屆世界貿易組織部長會議，於1996年12月發表「資訊科技產品貿易部長宣言」，同意將資訊科技產品關稅在西元2000年降為0。1997年底，世界貿易組織的102個國家代表更進一步達成協議，同意開放銀行、保險、證券與金融資訊市場。

Unit **5-5**
產業發展需要資金

經濟發展能否順暢，與金融及產業的相輔相成密切相關。有金融支援產業的活水，產業的發展與轉型才能更順利。

一、資金的功能

壯大產業規模；創新研發；海外併購；新研發設備；爭取國際人才。

二、資金需要量大的產業

資本密集產業所需要的資金量最大。資本密集產業是指研究開發經費高、資金投入多、單位產品的資金占用量大的產業。譬如，生物科技產業屬於高技術、高資本密集的產業，由於需要長期的研發，而且可能血本無歸，所以風險極高。在這些類似的產業發展中，就凸顯資金的重要。

三、資金管道

產業發展的籌資管道，是非常的多元。無論銀行貸款、股票市場、債券市場，都是獲得資金的重要管道。

(一) 銀行：金融產業是社會儲蓄與投資的重要橋梁，在全球普遍低利率的環境下，銀行是重要籌資管道。但向金融機構舉債，往往需要提供資產作為擔保，此將使資金舉借額度遭受限制。

(二) 股票市場：股票市場透過資金供給者買入有價證券而貸出資金，而產業內的企業，可藉由發行有價證券而借入資金。

(三) 海外基金：2013年全球私募股權基金（private equity fund），可投資資金水平已突破1兆美元。私募股權基金是一群投資人集資，並投資於未上市公司股權及具股權性質的公司，這也是產業可引以為用的。

(四) 他國主權基金：主權基金對內可協助產業度過經營的困境，促進產業結構的提升，對外則可從事確保能源安全、開發新能源等投資，以維繫國家經濟發展所需的各項資源。依據國際貨幣基金會（IMF）的定義，主權基金分成五個類型：1.穩定基金；2.儲蓄基金；3.儲蓄投資公司；4.發展基金；5.退休儲備基金。

(五) 創業投資公司：創業投資公司自各界募集龐大資金。透過私人股權的方式，來從事資本的經營，並培育新創產業、併購或被併購、上市或上櫃，來追求長期資本增值的投資模式。產業發展與轉型所需要的資金，創業投資公司可以成為重要來源。

(六) 政府：政府資金協助管道包括：1.投資：政府透過成立基金，進行直接投資，或與民間創投公司共同投資；另外，也可以透過租稅優惠，鼓勵民間企業投資，或政府以財政直接投入；和具有投資經驗的國有企業發起。2.融資：利息補貼。為促進產業發展，政府辦理政策性專案貸款，訂定優惠貸款條件，協助業者取得資金，或提供貸款利息補貼。另也有國家直接指定某特定銀行，直接辦理融資，該銀行則肩負政策性金融目的。3.補助：由中央政府直接編列預算，或者透過成立基金補助。

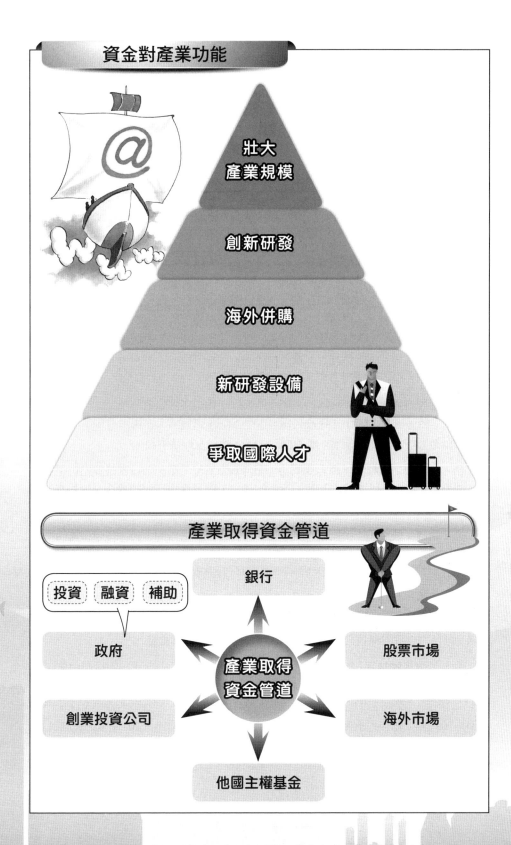

Unit **5-6** 併購

　　併購早已在國際上被廣泛應用，成為跨入新領域的關鍵。蘋果有不少的關鍵技術，都是靠併購其他公司而來。全球產業「大者恆大」的趨勢，日益明顯。譬如，2014年2月臉書以160億美元併購WhatsApp，以進軍個人通訊市場。事實上，在2012-2013年，蘋果公司、微軟、亞馬遜、臉書和雅虎等國際企業，就投資130億美元，在併購具有專利或特殊智財權的企業。

一、國際「併購」策略的種類，約略可分為六大類：
(一) 垂直整合型：併購對象間，有潛在的供應與消費關係。
(二) 科技連鎖型：併購對象在科技的發展與運用，有高度相關性或互補性。
(三) 產品線延伸型：併購對象各自產銷不同的產品，給類似的客戶群使用。
(四) 水平整合型：併購對象雙方產銷同類商品，且其主要目標市場亦類似。
(五) 市場延伸型：併購雙方生產同類商品，但其目標地區不同。
(六) 多角化型：併購雙方之產品與市場互不關聯。

二、國際併購的優點：併購的主要優點：(一) 縮短內部研發時程；(二) 取得技術創新及市場領先優勢；(三) 快速進入當地市場；(四) 迅速擴大市場占有率；(五) 補足自己的弱勢；(六) 能取得專業人才的協助；(七) 合併互補性資源。

三、併購成功過程：併購若要成功，在併購完成後，第一階段就是要進行制度、產品的整合，第二階段是建立互賴，互賴的建立，則可透過制度的整合、人員互訪，以建立對文化的認同，使併購的成功率提高。

四、併購失敗原因：併購是企業重整、擴充、轉型常用的手段，但是根據研究，併購的成功率只有25%，更有75%併購的回報都低於資金成本。併購的績效不佳，主要的原因是：(一) 併購策略不對；(二) 併購錯誤的對象；(三) 購買的價格太高；(四) 併購後整合失敗。

五、併購時機：併購最初的好機會是在2000年美國科技泡沫，以及2008年全球金融海嘯，當時矽谷科技公司身價一夕暴跌，技術專業卻沒有縮水。

六、「強摘的果子不甜」：2010年英業達與鴻海集團，上演一齣搶親戲碼，女主角就是「益通」。鴻海先是公告搶親成功，沒想到英業達出價更高，益通又改嫁。2011年1月底，英業達以每股22元，拿下益通47.97%股權，總投資金額為50.6億元。可是，2011年太陽能股就開始走下坡，益通近四年來虧損連連，2010年EPS大虧11.5元、2011年EPS續虧8.94元、2012年EPS虧3.75元，直到2013年EPS還虧損達2.16元。英業達搶親的50億元，在當年就幾乎全部燒光，之後，益通還得私募30億元度過難關，這筆帳也只能由英業達買單。

國際「併購」種類

垂直整合型
水平整合型
科技連鎖型
市場延伸型
產品線延伸型
多角化型

國際「併購」優點

擴大市占率
快速進入當地市場
市場領先
互補
縮短研發時程
取得專業人才
補足弱勢

併購失敗原因

策略不對
價格太高
併錯對象
併購後整合失敗

併購失敗原因

發展品牌

　　根據暢銷財經書作家佛理曼（Thomas Friedman）《世界又熱、又平、又擠》一書，對當前世界經濟局勢的描述，就如同一臺失速的巨型卡車，油門已經卡死，而且鑰匙還弄丟了。在這樣嚴重的不景氣時代，策略大師波特大聲疾呼：「正是這樣的時候，領先者可能會變成落後者，落後者也可能會變成領先者。」因為在這個艱困時刻，產業的規則、秩序解凍，發展品牌是重要的生存之道。品牌若能搭配創新策略，效果更佳！

　　品牌價值是指品牌所能喚起消費者感受、知覺、聯想等特殊的組合，它有影響消費者行為的潛在能力。所以，品牌權益指的就是一種額外的附加價值。

一、品牌權益三種角度

　　(一) 通路觀點：從通路來看，擁有越多品牌權益的商品，越是獲利的保證。(二) 廠商觀點：品牌優勢能承受競爭者，攻擊的忍受度高。(三) 消費者觀點：品牌權益來自消費者，對該品牌的忠誠度，並願意支付較高的購買價格。

二、品牌權益衡量方式

　　可分為財務面與消費者面兩種。(一) 財務面權益：銷售量；價格報酬。(二) 消費者面：品牌忠誠度、品牌知名度、知覺品質、品牌聯想與其他專屬品牌資產。

　　1. 品牌忠誠度包含兩個層面，即態度忠誠度（attitudinal loyalty）、購買忠誠度（purchase loyalty）。品牌忠誠度涉及品牌偏好、品牌堅持。品牌偏好（brand preference）指的是，消費者會放棄某一品牌，而選擇另外一個品牌（此原因可能是習慣或過去經驗）。品牌堅持（brand insistence）指的是，消費者寧願多花些時間，也堅持要某種品牌。

　　2. 品牌知名度：品牌知名度係指消費者對品牌回憶（brand recall）及品牌認識（brand recognition）的表現。品牌回憶是指消費者面對一產品類型，能夠產生回憶該品牌的能力；品牌認識是指消費者可以辨識曾看過，或聽過該品牌的能力。

　　3. 知覺品質：知覺品質是消費者對某產品總體優越性的評價。知覺品質有四大特徵：(1) 知覺品質與客觀品質不同；(2) 知覺品質的抽象程度較產品屬性為高；(3) 知覺品質是一種與態度接近的評價；(4) 知覺品質發生在比較的情況下。

　　4. 品牌聯想（brand association）：品牌聯想或稱品牌印象，是指在消費者記憶中，任何與品牌有關聯的事物，包括產品特色、顧客利益、使用方法、使用者、生活型態、產品類別、競爭者和國家等。

　　5. 其他專屬的品牌資產（other proprietary brand assets）：包括專利權、商標及通路關係等。

三、品牌權益

　　產品生命周期短（消費電子產業），品牌權益所提供的保障是有限的。

品牌權益

通路觀點

廠商觀點

消費者觀點

品牌權益衡量方式

品牌權益衡量方式

財務面權益

① 銷售量
② 價格

消費者層面

① 品牌忠誠度
② 品牌知名度
③ 知覺品牌
④ 品牌聯想

103

品牌忠誠度

品牌忠誠度

態度忠誠度

購買忠誠度

Unit **5-8**
產業經營環境

美國哈佛大學波特（Michael Porter）教授從產業面觀點，認為國家競爭力係指一國能否創造良好的產業發展環境，使該國企業在國際市場取得競爭優勢的能力。

一、產業經營環境的特質

產業經營環境最特別的是——「它」會變！除人口結構在改變外，影響產業演化之因素尚包含：

(一) 政府頒布產業相關法規；

(二) 消費者學習速度；

(三) 市場不確定性降低；

(四) 專屬知識的擴散；

(五) 產業學習曲線；

(六) 產業規模之擴大或縮小；

(七) 成本與匯率變化；

(八) 技術創新；

(九) 行銷創新；

(十) 製程創新；

(十一) 關聯產業的結構變化；

(十二) 競爭者的進入或退出等因素。

二、產業經營環境涵蓋面

(一) 國際環境：譬如在經濟層面，國際景氣處於四階段的變化，即蕭條期、復甦期、繁盛期、衰退期。

譬如在國際政治層面，2014年越南大暴動，就是產業的大危機！當時中國與越南因南海主權紛爭升高，因而引發越南大暴動，臺資企業也遭到池魚之殃。平陽省的上千家臺商，幾乎無一倖免，工業區像殺戮戰場。2014年根據臺灣經濟部統計，越南513暴動臺商受損產業包括自行車、鞋類、紡品成衣、家具、零組件、包裝印刷以及電器等，損失已逾10億美元。

(二) 總體環境：政治環境、經濟環境、科技環境（譬如，通訊科技、資訊科技）、社會環境。

(三) 產業與競爭環境：替代品、購買者、產業現有競爭者、購買者、潛在進入者。

三、如何適應產業經營環境

GE是100多年前紐約證券交易所創立時掛牌的上市公司，也是當時掛牌，而目前唯一碩果僅存的上市公司。但是，看一看現在的GE，與發明家愛迪生創立時的GE，業務範圍毫無共同之處。換言之，GE在每次環境變化的關鍵時刻，均找出適應之道。

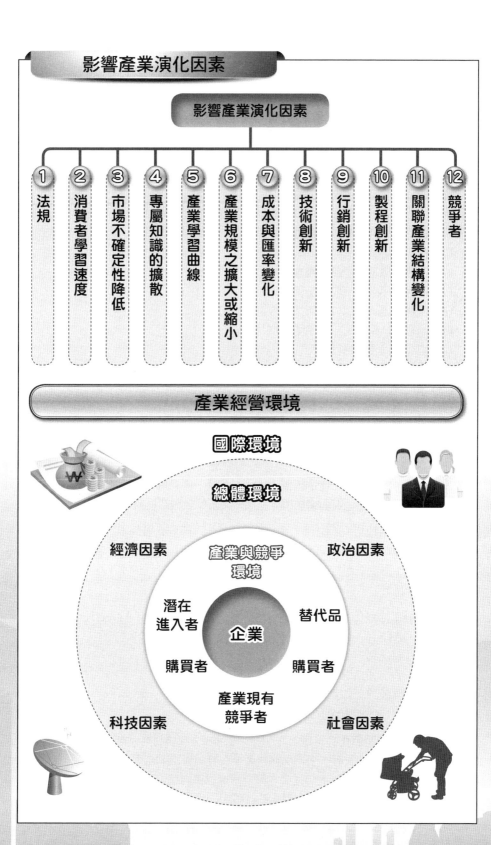

影響產業演化因素

影響產業演化因素

| ① 法規 | ② 消費者學習速度 | ③ 市場不確定性降低 | ④ 專屬知識的擴散 | ⑤ 產業學習曲線 | ⑥ 產業規模之擴大或縮小 | ⑦ 成本與匯率變化 | ⑧ 技術創新 | ⑨ 行銷創新 | ⑩ 製程創新 | ⑪ 關聯產業結構變化 | ⑫ 競爭者 |

產業經營環境

國際環境

總體環境

經濟因素　　　產業與競爭環境　　　政治因素

潛在進入者　　　　　　替代品

企業

購買者　　　　　　購買者

產業現有競爭者

科技因素　　　　　　社會因素

Unit **5-9**
臺灣產業發展策略

一、傳統產業的問題

　　整體而言，我國傳統產業面臨的問題很多，譬如，傳統產業由於產業逐漸成熟、獲利能力趨近停滯，薪資不如高科技產業，延攬人才上也陷於不利的因素，以致逐漸失去國內的競爭優勢。其問題歸納如下：

(一) 勞工不足。

(二) 訂單不穩定與產品市場太小。

(三) 原料庫存太多造成資金積壓。

(四) 自身缺乏研發能力而新技術成本又高。

(五) 原料進口成本高、價格受到控制。

(六) 現有設備產能過低。

(七) 未能達到規模經濟，無法獲得規模經濟的效益。

(八) 未能提高生產品質。

(九) 國內原料品質不夠好，但國外供應原料卻又難控制。

二、臺灣產業發展策略

(一) 製造業服務化：將以產品為中心的製造，轉為以服務為中心導向的思考模式，製造業者不再只是單一產品供應者，而是提供一系列滿足客戶需求的服務，透過服務來凸顯產品差異化，進而增加與客戶間的黏密度，創造更高的附加價值。

(二) 服務業科技化：將服務業導入ICT 能量，以降低交易成本提供更多的服務數量、更好的消費環境與服務品質；對消費者而言，透過ICT帶來更便利的新消費型態及創造新需求；對企業而言，應用科技能改善經營效率、降低成本、提升服務品質，朝「優質化服務業」方向來推動。

(三) 服務業國際化：依據WTO 服務貿易總協定（General Agreement on Trade in Services, GATS），對於服務貿易的定義可分為四種模式，即：

1. 跨境提供服務，如電子商務、網路銀行；

2. 國外消費，如旅遊觀光；

3. 商業據點設立，如到國外設立分店或服務據點；

4. 自然人呈現，即本國人到外國去從事服務。

(四) 傳統產業特色化：可透過 1.科技、2.美學、3.新材料、4.技術創新、5.特色產品開發，6.新營運模式等，來協助傳統產業在質與量上的全面升級。另外，也將鼓勵產業提升研發、智慧創新、促進業者與下游進行密切結合，如品牌與通路的掌握，使國內產業往微笑曲線兩端進行優質化的調整。

傳統產業問題

缺乏研發能力

庫存太多

市場小、訂單不穩

未達規模經濟

勞工不足

現有設備產能低

原料進口成本高

國外原料控制難

未能提高品質

臺灣產業發展策略

製造業服務化

服務業科技化

服務業國際化

傳統產業特色化

科技

美學

新材料

技術創新

特色產品開發

新營運模式

Unit **5-10**
產業努力的方向與配套

一、產業發展需努力的方向

產業發展階段需要資金、法務、智財權、技術及營運模式，但並不代表有這些因素就能保證產業一定成長。因為還需要有產業的努力與奮鬥來加以配合。努力與奮鬥的方向，主要有以下七大方向。

(一) 整合價值鏈，提升效率與生產力：

產業內價值鏈與供應鏈網絡，是環環相扣所形成的整體。若能整合價值鏈與供應鏈網絡，則能有效提升整體競爭優勢。

(二) 強化產業形象：

在國際市場上，整體產業形象的建立，除了功能、品質的基本要求外，品牌與多元的國際宣傳推廣也有密切相關。

(三) 追求高品質與注重勞工安全：

在全球化激烈競爭中，非高品質難以脫穎而出。若不注重勞工安全，則易有血汗工廠的壓榨之嫌。

(四) 提升產業發展人力資源：

推動整體產業人力資源的訓練、人力資源管理與發展、強化人力資源素質，以形成產業發展的支柱。

(五) 創新服務與產品：

產品創新是指將新型態的產品引進市場；服務創新是新服務、改善服務或改善已經建立好的服務流程。對抗市場競爭與顧客需求不斷的變化，創新服務與產品是必要的努力。特別的是，製造相關的產業，也正以「服務」作為差異化，架高競爭者的進入障礙，而服務業不斷運用「科技」及「改變服務模式」，滿足顧客的需求與期望。

(六) 應用資通訊科技：

4G應用與雲端科技，日新月異，如何應用到產業發展，是產業必須思考的方向。

(七) 拓展國際行銷能力：

沒有國際市場的支持，產業難以成其大。因此，產業必須具備積極拓展國際行銷能力。

二、產業發展的配套

產業發展需要八大關鍵成功要素支撐：(一) 人力資源；(二) 知識；(三) 創新；(四) 追求專業；(五) 生產力；(六) 品質；(七) 綠色友善環境；(八) 持續發展。

產業努力方向

1. 效率、生產力
2. 產業形象
3. 勞工安全
4. 人力資源素質
5. 創新服務與產品
6. 運用資通訊科技
7. 拓展國際行銷能力

產業發展配套

1.人力資源	2.知識	3.創新
4.追求專業	5.生產力	6.品質
7.綠色友善環境	8.企業家精神	

Unit **5-11**
服務業發展方向

我國服務業政策早已逐步開放，國內服務業員工對服務顧客的觀念與能力，已大幅不斷改進，但仍有改善空間。

一、未來服務業發展趨勢，必然涵蓋三大特質

(一) 高效率：服務業需結合高科技，譬如雲端科技、無人機科技，以推動新興的服務商品發展，如電子商務、電子金融、個人行動通信等，提供更好的服務品質。

(二) 高品質：服務要感動人，一定要有高品質的專業。譬如，發展國際貿易、運輸倉儲、通訊、金融、保險等專業性，高附加價值的服務，並透過電子商務、網際網路服務業、知識技術及資訊軟體服務業，支援第一產業、第二產業，以創造更高的國際競爭力。

(三) 完善的制度法令：要使我國服務業效率與品質大幅提升，硬體設施固然重要，但完善的制度法令，才能保障企業更多元化，及更便利的專業服務。

二、服務業的政策工具

服務業的政策工具包括：

(一) 分配較多的公共資源來支持服務業：例如：研發經費、基礎設施、土地取得的便利性等，都應該大幅改善。

(二) 規劃服務業的群聚體驗園區：服務業的關鍵是客戶的體驗，故重視示範效果。政府可以考慮規劃一、二個服務業群聚的體驗園區，讓社會大眾來體驗各式的服務；或可帶動一些新式服務業的發展，也可以擴大消費，並激勵年輕人投入服務的行業。

(三) 延攬海外人才：服務業的品牌塑造、通路規劃、商業模式、國際化等，均需要許多高階的人才。

(四) 直接貸款：政府可以參考泰國推廣泰國菜的做法，利用既有的「國家發展基金」，來降低民間餐飲業者取得資金的障礙，並且協助辦理廚師認證等工作。

(五) 提供基礎設施，協助有潛力的服務業國際化：在具有出口潛力的國家，政府可設立媒合辦公室，提供當地的市場、法規的資訊，或協助媒合我國廠商與當地企業，以降低我國服務業廠商進入他國的資訊障礙或成本。起初的資訊服務可集中於醫療、餐飲、流通服務等少數具潛力的服務業。

服務業發展趨勢之特質

高效率

服務業發展
趨勢之特質

完善的制度法令

高品質

1

服務業的政策工具

服務業的政策工具

投入更多資源

研發經費

基礎設施

土地取得

規劃群聚體驗園區

延攬海外人才

直接貸款

協助國際化

第 **6** 章

產業結構與標準

 章節體系架構 ▼

Unit 6-1　產業結構 ── 市場競爭角度

Unit 6-2　產業結構 ── 互賴角度

Unit 6-3　產業疆界變化原因

Unit 6-4　產業實力

Unit 6-5　產業控制力

Unit 6-6　產業標準

Unit 6-7　產業標準化優點

Unit 6-8　產業標準的形成 ── 政府

Unit 6-9　產業標準的位階

Unit **6-1**
產業結構 —— 市場競爭角度

　　2014年中小企業占全部企業98%，五成以上中小企業為獨資，且經營事業超過10年，提供臺灣勞動人口近八成就業機會，可說是臺灣產業結構的主體。

一、產業結構

　　產業結構是指產業內，上、下游的投入與產出、垂直分工和垂直整合等，有互依存和分工的關係。產業結構可以從 (一) 市場的競爭程度；(二) 產業內上、下游的相互關係，加以說明。

二、依市場的競爭程度

　　依市場的競爭程度與供給家數的多寡，可分為：(一) 完全競爭；(二) 壟斷性競爭；(三) 寡占；(四) 獨占（完全壟斷）等四大市場結構。

三、完全競爭市場

　　完全競爭廠商是價格的接受者（price takers），不能影響價格。完全競爭市場特質：(一) 市場上有眾多的生產者和消費者；(二) 任何一個生產者或消費者，都不能影響市場價格，而是價格的接受者，譬如像稻米市場。(三) 產品同質（商品用途、外觀、耐用、服務、便利、名牌、忠誠度等）；(四) 廠商在市場自由進出；(五) 廠商對價格與品質，有完整的資訊。(六) 各種資源都能夠充分地流動，可促進生產效率。

四、壟斷性競爭特色

　　(一) 壟斷性競爭市場與完全競爭市場雷同，均為市場參與者買賣雙方數量眾多，且廠商進出市場容易；(二) 因市場進入障礙小，經過長期調整，將吸引其他新廠模仿跟進，使整體市場供給增加，直到個別廠商的經濟利潤為零時，整體市場供給不再變動；(三) 壟斷性競爭市場的廠商，具部分價格決定權；(四) 壟斷性競爭廠商將資源配置於創新研發商品、促銷推廣與品牌通路的建立，以爭取消費者認同其差異性與優質性。(五) 市場資訊不完全靈通。

五、寡占市場的特質

　　(一) 少數廠商壟斷，其他廠商難以進入（新廠商容易受到現有廠商的排擠）；(二) 廠商相互依存，彼此間具高度影響力；(三) 大規模的生產；(四) 產品大同小異；(五) 產品價格穩定；(六) 企業喜歡採用非價格競爭、廣告很多；(七) 為避免同業競爭影響收益，常會相互勾結，聯合壟斷、瓜分市場。(八) 有超額利潤。

六、獨占市場的特質

　　(一) 只有一家廠商；
　　(二) 產品無近似替代品；
　　(三) 市場存在進入障礙。

産業結構

產業結構

産業結構

市場競爭程度

産業內上、下游相互關係

完全競爭　獨占性競爭　寡占　獨占

寡占市場特質

1. 少數廠商壟斷，其他廠商難以進入

3. 大規模生產

2. 廠商相互依存、相互影響

4. 產品大同小異

5. 產品價格穩定

7. 常出現聯合壟斷

6. 偏好非價格競爭

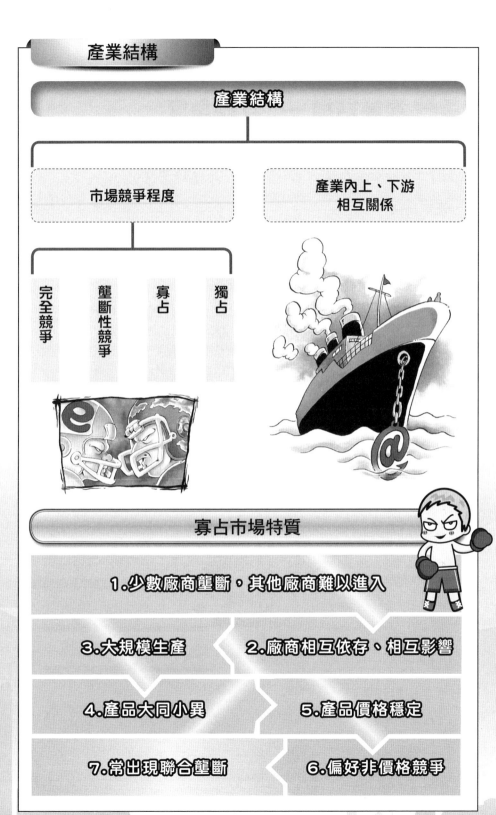

Unit **6-2**
產業結構 —— 互賴角度

產業結構是影響產業長期獲利的能力，以及決定獲利能力是否得以持續的關鍵因素，同時也強烈影響產業內的競爭規律，並決定廠商策略手段。

一、產業結構

每一項產業都有上、中、下游的結構，而上游的設備及原材料產業，是中游發展的核心基礎。譬如：

(一) 半導體產業如果以上、中、下游來分的話，分別為IC設計業、IC晶圓製造、IC測試及封裝業。

(二) 造紙工業依其產品特性，大致可分類成上游的紙漿業、中游的造紙業（紙張、紙板、紙袋業等）以及下游的紙品加工業（紙器與紙品加工業等）三部分。

(三) 西藥產業的上、中、下游結構：上游主要為原料藥工業，中游包括研發、動物／人體試驗及製劑，下游包括藥廠自有之行銷部門、西藥代理商、西藥經銷商、藥局。

二、產業合作指標

譬如汽車產業要發展成輕量化、可靠性、節能、耐久，就可能要整合車廠、鋼鐵材料，以及二次加工廠等共同努力，才能加速完成。

產業內合作七項指標：資訊分享、信賴度、標準化、即時配送系統和輔助性的資訊系統、彈性、客製化和結盟合作關係。

三、產業的關聯性

產業關聯程度又稱為相互依存係數，或波及效果係數。具有優勢的驅動產業，因本身所具有的優勢，以及廣大的市場需求，可在自身成長的情形下，進而帶動相關產業的成長。

(一) 國家與國家之間，存在著直接或間接的相關性。

(二) 產業之間關聯性，範圍包含了設施、材料、技術、市場以及通路。

(三) 關聯性高的產業，彼此之間更容易增加其產品的生產線。

四、產業關聯效果

(一)「向前關聯效果」：「向前關聯效果」是指某一產業部門，最終需求都變動一單位時，如此對特定產業產品需求，總變的動量，也就是特定產業受感應的程度。

(二)「向後關聯效果」：「向後關聯效果」是指某一產業部門，需求變動一單位時，各產業必須增（減）之數量加總，也就是該特定產業對所有產業的影響程度。

產業結構影響

獲利能力

產業內競爭規律

廠商策略

產業合作指標

① 資訊分享

② 信賴度

③ 標準化

④ 即時配送系統

⑤ 彈性

⑥ 客製化

⑦ 結盟合作關係

產業關聯效果

產業關聯效果

向前關聯效果

向後關聯效果

Unit **6-3**
產業疆界變化原因

一、產業疆界

　　是由產業諸多子系統所構成，聯繫外部環境相關的介面。疆界是由各個產業的技術、業務、市場、服務、企業、監管機制等特性，加以區分而形成的。

二、產業疆界模糊

　　產業疆界模糊的主要原因：

　　(一) 新技術出現：新工藝、新技術的出現，會導致新的產業部門產生，同時讓使用原有陳舊技術、工藝的產業部門衰退，因而會引起產業結構的大變化，模糊產業既有的疆界。如LED燈成為新的照明產業；又如通訊產業，從過去的飛鴿傳書、千里馬寄信，到今日的電子郵件、簡訊，以及現在的MSN、QQ、LINE等。

　　(二) 網路連結：網路連結與運算能力的結合，讓我們過去所認識的產業疆界，產生了溶解。譬如，既有的電信、郵政、通訊、金融交易等服務，藉著網路連結，而打破產業的疆界，消費世界出現前所未有的開闊。

　　(三) 法令放寬：讓其他產業也能從事本產業的服務。譬如政府放寬證券業，可從事海外併購、基金和黃金等金融商品的買賣。

　　(四) 全球化：全球化使得競爭更加激烈，因此只要技術被突破，其他產業就可能產生跨「界」現象。譬如3D產業，就跨越進入其他產業所提供的產品與服務。

　　(五) 進出口貿易：各國出口具比較優勢的產業商品，因此能獲得比較利益。出口商品及相關之原產業因此獲利。獲利就更可能投入自動化，及其他可增加優勢的資本支出，同時對產業結構也產生了影響。相對的，受到外來商品的衝擊，產業也必須調整因應，若不調整，產業結構勢將萎縮。

　　(六) 產業進入的門檻低：產業技術門檻越低，就越可能被跨越。譬如太陽能產業進入的門檻低，所以像面板或半導體等相對較高技術門檻的產業，就容易進入。

　　(七) 投資結構：投資結構是指資金向不同產業方向投入，所形成投資配置量的比例。對部分產業投資，將推動這些產業，比未投資的那部分產業，以更快的速度擴大，並影響原有產業結構。

　　(八) 消費結構：指衣、食、住、行、文化、娛樂、保健和旅遊等方面的消費支出的比例關係。隨著國民所得的提高，消費結構會由購買食品、衣服等，轉向購買平板等高消費的娛樂商品，因此就會刺激被消費產業的發展。

　　(九) 國際技術轉移：引進國外先進技術，可以促進引進新興產業更快成長，從而影響產業結構的變遷。

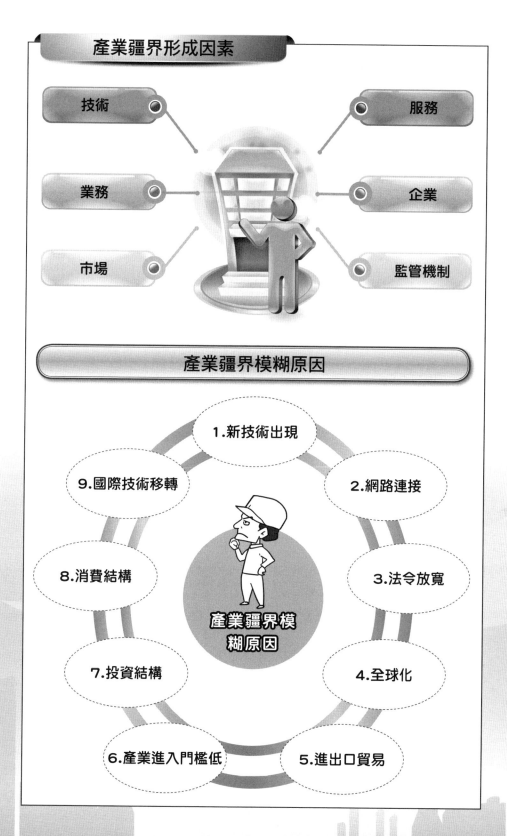

Unit 6-4
產業實力

產業實力是產業能否國際化相當重要的關鍵。產業實力又可分產業軟實力及硬實力。軟實力如設計、品牌，硬實力如品質、價格。

一、產業上、中、下游的關係是否密切

若上、中、下游的廠商關係越密切，則在分工的體系上，就越能夠爭取到較高的附加價值。要檢視產業上、下游的關聯，可以利用魚骨圖來分析產業的關係，而魚骨圖通常使用四種分析要素來探討，分別為人員（man）、方法（method）、材料（materials）、設備（machines），總稱為4M。

二、產業規模大小、緊密程度

產業規模越大，上、中、下游的溝通互賴緊密程度越強，產業的競爭力就越高。反之，產業規模越小，同時溝通互賴的緊密程度低，也會影響產業競爭力。此外，若產業遭遇的競爭越強烈，就越能夠使產業內形成合作，提升自己的競爭力。

三、產品品質與市場接受度

在提升產品附加價值、品質，對於產業來說，是發展的重要之路。具有高度競爭力的產業，一般皆會以上述兩項目標來努力。

四、產品商業化能力

研發過程中設計出一個新的產品，目標就是把產品商業化。如此一來，能夠存活在競爭的環境中之機率，也相對較高。

五、政府政策

政府政策若支持該產業，從產業發展史的角度，發現該產業成長相對容易。目前臺灣所支持的產業是：1.汙染程度低；2.低能源耗用；3.市場潛力大；4.高附加價值；5.技術密集度高。

六、技術突破的能力

技術不斷突破，就能促使產業升級。產業努力的方向，大體來說，屬於「漸進增值性創新」。「漸進增值性創新」，使原有的產品及製程進行改善，主要內容是降低生產成本，其次才是系統內部的創新。會有這樣的改善及創新，通常是出現在競爭非常激烈的產業。因為唯有不斷的進步，才能夠使產業持續的經營下去。

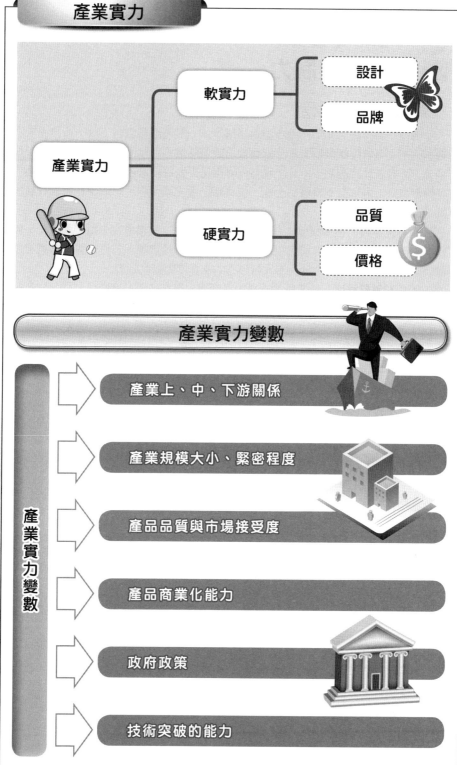

Unit **6-5**
產業控制力

一、產業對原物料控制力

　　上游原物料下跌，相對降低下游進貨成本，一般若原料價格下跌、產業處於空頭市場，免不了有庫存跌價損失，且產品被迫跟著降價，不論上、中、下游公司營運將更辛苦。不過若最終端需求拉升，且當原料價格下跌速度減緩，下游將逐漸好轉，價格有機會調升；再帶動原料價格上漲，價格都上漲大家受惠，形成溫和通膨賺錢，這時就是正向循環。

　　(一) 對於原料的重要程度：有些產業主要的成本，是集中在少數幾樣原料，所以這幾樣原料價格的變動，會影響生產成本與利潤。一般來說，若原料對於該產業是非常重要的生產要素，那麼對於上游原料價格的掌握度相對就較低。

　　(二) 原料差異程度：產業所需原料差異度與上游廠商控制度有些關聯。原料差異度高，相對的原料替代程度較高，則不太可能被上游原料供應商控制住價格。

　　(三) 原料對外需求程度：若一個產業對於進口的原料需求甚高，那麼此產業的原料控制力相對變低，原因在於進口的原料價格變動較大，以及供貨不穩定。

　　(四) 產業集中程度：產業集中度越高，就越能控制上游廠商原料的價格。

　　(五) 政府產業政策：政府政策也有相當的關聯，若政府禁止某些進口原料，如此一來便會牽涉到市場的原料價格，對於需要進口原料的廠商會相當不利。

二、產業對市場的控制力

　　產業對市場的控制力，可從以下指標觀察：

　　(一) 產業集中程度：集中度表明更多的銷售額，或其他經濟活動，被很少一部分企業所控制，從而這一小部分企業，擁有相當的市場支配力。所以產業集中度也是衡量產業競爭性和壟斷性常用的指標。一般來說，產業越集中，規模就越大，對市場價格就越具影響力。

　　(二) 產能利用率：若要瞭解產業的熱度，不是看效率高低，而是要看利用率的高低，利用率低，則代表供過於求。產能利用率是實際產出除以設計產能。

　　(三) 產品多樣化、差異化：產業所提供的產品，越是多樣化、差異化，就表明產業對市場的控制力越大。所以產業如何使產品內部標準化、外部差異化，是產業發展重要之路。

　　(四) 政府政策的輔助發展：政府訂定使產業發展，以提升競爭力的相關規定。

　　(五) 市占率的表現：顧客的人數越多，相對的該產業獨占力就越高。

　　(六) 外銷的依賴程度：依賴外銷的程度越大，對本國市場控制力相對較低。

三、產業的規模經濟

　　產業的規模經濟越大，就越能產生三大利益：(一) 單位購買成本下降；(二) 有利於產品規格標準化；(三) 提升企業競爭力。

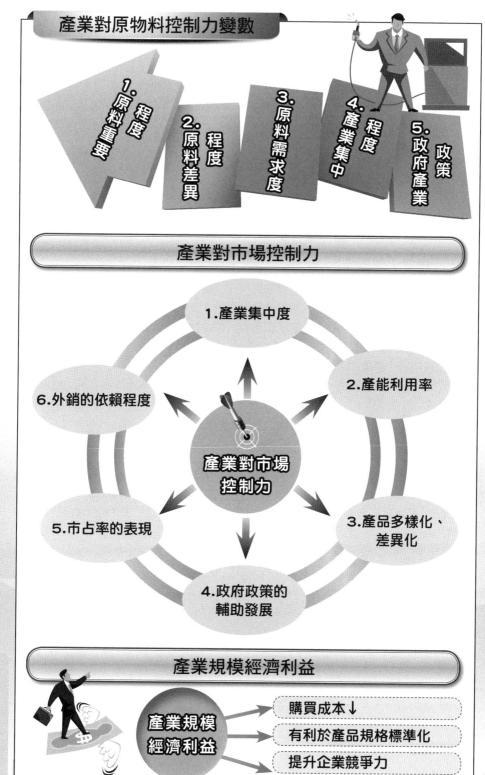

産業對原物料控制力變數

1. 原料重要程度
2. 原料差異程度
3. 原料需求度
4. 產業集中程度
5. 政府產業政策

產業對市場控制力

1. 產業集中度
2. 產能利用率
3. 產品多樣化、差異化
4. 政府政策的輔助發展
5. 市占率的表現
6. 外銷的依賴程度

產業對市場控制力

產業規模經濟利益

產業規模經濟利益
→ 購買成本↓
→ 有利於產品規格標準化
→ 提升企業競爭力

Unit 6-6
產業標準

「標準」通常而言，產業就某種產品、服務或製程，提供一種具有共同結構之工業上規格。

一、標準意涵

標準通常包含兩層含意：(一) 對技術要達到的水準，設下最低門檻；(二) 技術標準中的技術係屬完備，若達不到生產的技術水準，可以向標準體系尋求技術授權，支付授權金，從而獲得相應的生產技術。

二、「標準」的界定

(一) 世界貿易組織「標準」：依據世界貿易組織，技術性貿易障礙協定（TBT）附件一的定義，「標準」係指「經公認機構認可，並提供共同且重複使用，但不具強制性之產品或相關製程，及生產方法的規則、準則或特性的文件。該文件包括或僅規定適用於產品、製程，或產製方法之專門術語、符號、包裝、標記或標示之規定」。

(二) 我國「標準」：根據我國標準法第3條第1款之定義，係指「經由共識程序，並經公認機關（構）審定，提供一般且重複使用之產品、過程或服務有關之規則、指導綱要或特性之文件」。

三、「標準」的類別

對標準加以分類的方式有很多種：

(一) 產品角度：1.品質標準：產品本身的特性，必須符合一定的要求與條件。2.相容性標準：注重產品與其他產品或服務，彼此相互的連結與介面。

(二) 標準制定方式：以標準形成的方式，可分為「事實標準（de facto）和法定標準（de jure）」。1.「事實標準」：「事實標準」是由非政府組織，或由私人標準制定組織（private standard setting organizations），所制定創設的事實標準。此種標準依開放程度不同，又可再細分為「開放型標準」與「封閉型標準」。2.「法定標準」：「法定標準」係指透過政府機關、政府標準化組織（Government Standard Setting Organization, GSSO）或政府授權之標準化組織，經由規劃或協調的程序，所制定的標準。

(三) 我國產業標準化的弱點：1.在標準制定上，由於我國在基礎科學方面，相對較為薄弱，再加上意見主流皆在歐美大廠，且沒有足夠規模的內需市場作為支撐與籌碼，因此在技術發展上常受制於人。 2.在技術創新上，由於缺乏主體性的研發，加上以代工業務為主力，成本降低與效率提升為主要的需求。創新方向多著重於產品改良與製程改善，少從終端客戶的需要出發。因此對於市場缺口掌握不足，這對於全球品牌的發展形成相當大的挑戰。

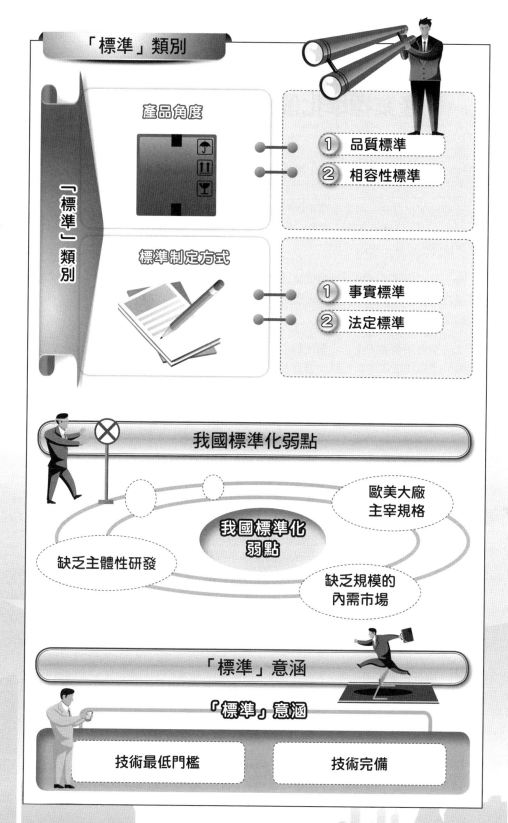

Unit **6-7**
產業標準化優點

　　產業標準對產品設計與發展，乃至銷售、行銷、採購、技術文件及訓練上，都不可或缺。若能利用產業標準發展出商業模式，則可作為整體行銷與商業發展策略的利器。

　　產業標準化優點，產業標準可以有效降低製造成本、增加可靠度、生產力，提高產業發展速度，降低產業進入障礙，促進產業良性競爭，並可以進行全球化行銷。歸納產業標準化優點，有以下八點。

　　一、品質保證：標準可以證明產品一定的安全、服務和效能等標準規格。消費者無需憑藉經驗去判斷產品好壞，只要認清購買之產品是否符合標準即可。因此，產品和服務之品質，可以得到提升。

　　二、保障消費者安全：產業所制定的標準，有助於保障消費者基本安全健康。以往受制於產品技術和專業，導致消費者和生產者之間，資訊不對稱的困境。這主要是因為，消費者對於產品性能和安全性瞭解甚少，在買賣行為方面是一個弱者，為保護消費者基本安全和健康，對於產品和服務進行標準化，乃成為一項重要措施。

　　三、品牌替代性增加：標準化使得同一產品的規格趨於一致，消費者毋須擔心所購買的某類產品，會因品牌的不同而發生不相容的情況。

　　四、有助於降低不正當競爭：產業標準有助於降低不正當的競爭。因為其淘汰無法依據標準生產產品和提供服務之廠商，降低廠商不正當競爭的可能性。

　　五、減少研發資源浪費：標準化可以促進廠商產品生產標準作業程序的建立，並進而可提高機器設備使用效率、降低勞動成本、投資成本、交易成本與協助消費者進行資訊蒐集之搜尋成本，更可擴大生產的經濟規模，提高企業之經濟效益。

　　六、促進競爭，增加消費者福祉：標準一旦制定出來之後，產品的同質性將越高，或可促使廠商以價格吸引顧客選購，或以其他方式吸引顧客，使消費者亦可從中獲益。

　　七、降低貿易障礙：產品或技術規格的不（未）標準化，而導致貿易上的障礙。產業若能標準化，就可降低技術所造成的貿易障礙。

　　八、促進產業分工：標準化能促進產業內，上、中、下游與不同廠商間相互的分工合作。

產業標準化優點

1. 品質保證
2. 保障消費者安全
3. 品牌替代性增加
4. 降低不正當競爭
5. 減少研發資源浪費
6. 促進競爭
7. 降低貿易障礙
8. 促進產業分工

產業標準化對產業的影響

- 有效降低製造成本
- 全球化行銷
- 增加可靠度
- 降低產業進入障礙
- 生產力
- 提高產業發展速度

Unit **6-8**
產業標準的形成 —— 政府

根據我國「標準法」第7條規定，「國家標準制定之程序如下：一、建議。二、起草。三、徵求意見。四、審查。五、審定。六、核定公布。」

一、建議：為避免圖利特定廠商，以及供應量不足時，恐會產生哄抬價格等弊端，因此國家在制定標準時特別謹慎。為此，任何人、機關、法人或團體，均得向標準專責機關（標準檢驗局）提出制定、修訂，或廢止國家標準之建議。建議應具備國家標準建議書，並得同時檢附國家標準草案建議稿、國內外相關標準，或技術性法規等資料。

二、起草：草案編擬可交由國家標準技術委員，或委託其他機關、法人、團體、專家辦理，或由目的事業主管機關編擬提供。起草範圍所涵蓋國家標準規範的項目，共有七項。

(一) 產品之種類、等級、性能、成分、構造、形狀、尺度、型式、品質、耐久度或安全度及標示；

(二) 產品之設計、製圖、生產、儲存、運輸或使用等方法，或其生產、儲存或運輸過程中之安全及衛生條件。

(三) 產品包裝的種類、等級、性能、構造、形狀、尺度或包裝方法。

(四) 產品、工程或環境保護之檢驗、分析、鑑定、檢查或試驗方法。

(五) 產品、工程技術或環境保護，相關用詞、簡稱、符號、代號、常數或單位。

(六) 工程的設計、製圖、施工等方法或安全條件。

(七) 其他適合一致性等項目。

三、徵求意見：國家標準草案編擬完成後，由標準檢驗局刊登公告，並向利害關係人、相關技術委員會委員、審查委員會委員、專家、廠商、機關、機構、團體及學校徵求意見，期間不得少於60天。

四、審查：由相關類別之技術委員會（分組委員會）審查之。審查時應參酌審查意見彙編及相關資料，並考量技術上達成下列事項：(一) 反映國內產製能力及技術水準；(二) 改善產品品質及增進產製效率；(三) 維持產製與使用或消費之合理化，(四) 符合相關之國際標準；(五) 依性能上需求，而非設計上或描述上，相關特性的制定標準。

五、審定：由國家標準審查委員會以共識來決定。

六、核定公布：我國國家標準於制定、修訂、或廢止程序中，透過通知、公告之方式，使外界知悉；並使利害關係人有參與、表達意見之機會，以期與產業脈動相應、促進共識之達成。國家標準審定稿由標準檢驗局報請經濟部核定並公布之，並將其名稱刊登於標準公報，及通知原建議人。

國家「標準」制定程序

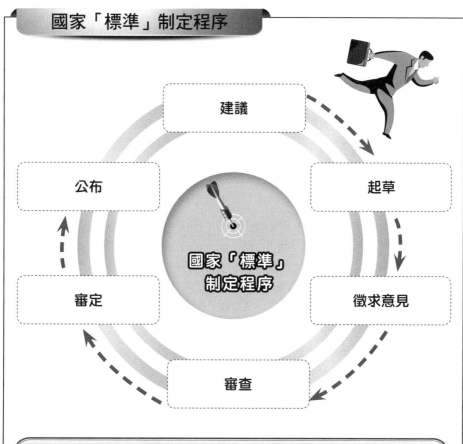

建議

公布

起草

國家「標準」
制定程序

徵求意見

審定

審查

國家「標準」起草範圍

國家「標準」起草範圍

① 產品種類、等級、成分

② 產品設計、製圖、儲存、運輸

③ 產品包裝的種類、等級、包裝方法

④ 產品工程之檢驗、分析、鑑定

⑤ 用詞、簡稱、符號、代號

⑥ 工程設計、製圖、施工

⑦ 其他適合一致性項目

Unit **6-9**
產業標準的位階

標準的制定，通常依據現有科學、技術，及經驗的統合結果。但是標準在不同層級的核准，標準的位階與權威性就會有所不同。層級越高者，影響範圍越大。

一、標準制定層級

(一) 國際標準：由國際標準化及（或）標準組織所制定及採行，例如：ISO－International Organization for Standardization（國際標準組織）、OIML－International Organization of Legal Metrology（國際法定計量組織）。

(二) 區域標準：由區域標準化及（或）標準組織所制定及採行，例如：EN－European Committee for Standardization（歐洲標準委員會）制定國家標準：由國家標準機構所制定及採行，例如：CNS、ANSI（美國）、BS（英國）、JIS（日本工業標準）。

(三) 國家標準：由國家相關負責標準專責機關，依據法律規定的程序，制定或轉訂，可供公眾使用之標準。

(四) 團體標準：由相關協會、公會等，專業團體制定或採用的標準，例如ASME－American Society of Mechanical Engineers（美國機械工程師學會）、ASTM－American Society for Testing and Materials（美國材料測試學會）、AGA－American Gas Association（美國瓦斯協會），標準由各公司企業制定及採行。

二、標準的負面作用

標準之形成，有的產業是經過一定時間的競爭，所自然形成的事實標準（de facto），也有的是政府或標準制定機構，所制定出之法定標準（de jure）。但卻經常發現兩種負面作用。

(一) 專利霸權：產業標準設立組織的成員，為了各自的利益，會強調公司所擁有的專利，為實施標準時必要的專利，而如果日後該專利真的成為標準中必要的專利時，所有依照該標準生產的產品，都很難迴避該標準之必要專利。標準之必要專利，擁有公司將可以專利聯盟的方式來收取權利金，生產產品公司將不易閃躲此項專利攻擊策略。

(二) 形成進入障礙：透過市場機制達成標準化的目的，亦即由一個企業或具有獨占地位之極少數的企業，取得規範產品規格，與技術標準制定過程的主導權。在沒有官方色彩介入之情形下所形成的標準。換言之，如果某種技術由於市場運作之成功，使採用者達到關鍵性多數（critical mass），並取得支配地位，該類產品受消費者偏愛，則將導致其他技術之競爭者難以進入市場。

「標準」層級

國際標準

區域標準

國家標準

① 協會
② 公會
③ 專業團體

團體標準

權威不同

「標準」負面作用

「標準」負面作用

專利霸權

形成進入障礙

第 **7** 章
產業發展 —— 創新、倫理、國際化

●●●●●●●●●●●●●●●●●●●●●●●●●● 章節體系架構 ▼

Unit 7-1　研發創新

Unit 7-2　創新種類

Unit 7-3　創新指標

Unit 7-4　創新策略

Unit 7-5　服務創新

Unit 7-6　產業倫理道德重要性

Unit 7-7　第一級產業倫理

Unit 7-8　第二級產業倫理

Unit 7-9　第三級產業倫理

Unit 7-10　產業國際化

Unit 7-11　產業貿易

經濟發展的關鍵因素，在於持續的技術進步，而持續的技術進步，是產業附加價值不斷提高的關鍵。新技術的出現，使得新投資有利可圖。

回首臺灣經濟發展過程，有許多耀眼的明星產業，從早期鞋子、雨傘、球拍、自行車等，到後來的電腦、滑鼠、主機板、晶圓，都是臺灣相當引以為傲的產業。臺灣兩千多萬人口的島嶼，製造了足以供應給全球市場的產品，其中很多產品的產量，甚至高居全世界第一。這些產業到哪裡去了？如果沒有持續創新研發，最後只好追逐比較利益，到工資、土地低廉的地方，像逐水草而居的方式生產，永遠找不到根，而且稍不小心就可能覆亡，為什麼呢？因為沒有研發創新！

圖解產業分析

一、傳統「研發」

指的是針對某種產品類別，設計出更優質、更高階的產品。但是在產品生命周期縮短的趨勢下，產業核心能力應擴大為「創新能力」，也就是並非固守在熟悉、舊有的產品範疇，而是可以產生源源不絕的創意，具備主導市場、改變市場的能力。特定產品的專業知識，會隨著時間而被淘汰，創新的DNA卻可以長久存在於企業組織當中，不容易被取代、不容易被模仿。

二、創新觀念起源

創新（innovation）觀念最早係由Schumpeter在1930年代所提出，透過創新，企業組織可使投資的資產，再創造其價值高峰。創新一詞，在英文字面上的意義，具有「變革」（change）的意思，亦即將新的觀念或想法應用於技術、產品、服務等之上。Tang（1998）將創新定義為：「運用新點子以達有利目的的過程。」Robbins & Coulter（2002）則將創新定義為：「採用新點子，並將其轉化為有用的產品、服務或技術的過程。」而Certo（2003）亦將創新界定為：「採取有用的點子，轉化為有用的產品、服務或作業方法的過程。」

三、創新範疇

(一) 技術應用創新；(二) 商品創新；(三) 流程創新；(四) 組織創新；(五) 行銷創新；(六) 組織管理創新。

「和競爭對手比起來，我們有多『創新』？」那才構成了微笑曲線左方的競爭力。

產業升級與經濟發展的重點在於研發，而且研發有助於品牌的建立。響亮的品牌，可提高附加價值，賺取超額利潤，來支撐後續不斷的產品研發，也支持行銷、通路的研發。哪怕是夕陽產業，也只有投入研發、力拚轉型，夕陽產業才有機會再見朝陽。

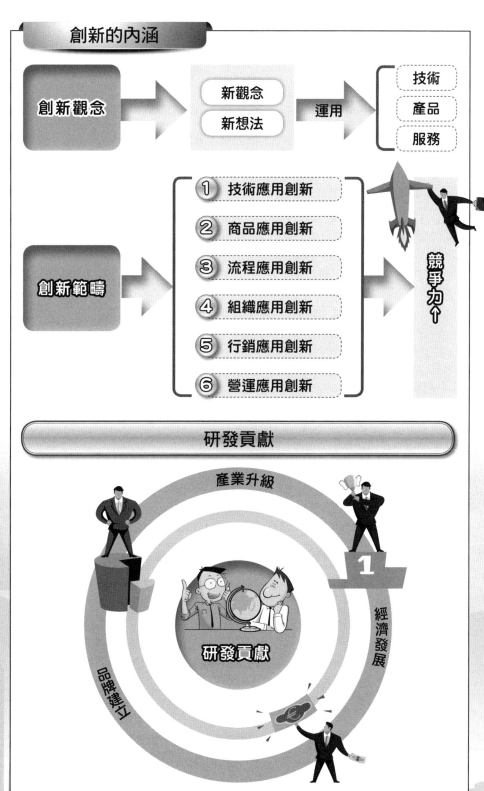

Unit **7-2**
創新種類

　　面對快速全球化及科技發展，產業的挑戰越來越大，以創新增加差異化及優勢，已是必然之路。

一、創新項目

　　(一) 科技產品及流程：對公司而言，產品與製程創新包括已執行的技術上全新的產品與製程，以及有顯著技術改良的產品或製程。

　　(二) 技術創新的產品：該產品在技術上的特性或用途，與之前的產品明顯不同。這種創新可能牽涉到澈底翻新的技術，也可能是將既有的技術與新的用途相結合，或者是應用新知的結果。

　　(三) 技術改良的產品：將既有產品的性能予以顯著改良或提升。

　　(四) 技術上的製程創新：在技術上採用全新或是顯著改良過的生產方式，與產品運送方式。

二、創新分類

　　創新分為三大類，即破壞式創新、維持性創新及效率創新。這三大類的創新，對於企業的興衰、經濟榮枯，有極重大的影響。

　　第一種是破壞式創新：也稱為躍進式創新（radical innovation），會對整個產業造成影響，尤其是破壞式的產品創新。就是把原來非常複雜、昂貴的產品，變得更簡單、好用、便宜、更普及。最明顯的例子就是電腦，第一代電腦是大型主機，非常複雜、昂貴，個人電腦的出現，讓更多人買得起電腦。

　　第二種是維持性創新（sustaining innovation）：這種是屬於漸進式的創新（incremental innovation），是創造出取代性產品。例如：以手機通訊來說，「G」就是「generation」的意思，1G就是第一代通訊技術，2G就是第二代通訊技術，依此類推。而4G「LTE」是指「Long Term Evolution」，也就是「長期演進技術」的意思。1G-4G所代表的實質涵義是在手機的使用上，1G：只能提供語音通話；2G：除了語音通話外，還可以傳文字簡訊、瀏覽部分網頁；3G：除了上述的功能，尚可以傳多媒體簡訊、擁有行動上網功能；4G：高速行動上網、高速傳輸，比3G快5～500倍！用一個生活化的例子來說明，若使用4G的網路，下載一部1G的電影（片長大概1小時30分鐘，HD），只需要大約90秒！

　　第三種創新，是效率創新（efficiency innovation）：用最有效率的方式、更低的成本，為既有顧客生產現有產品。

　　三種創新是相互聯繫的，譬如，一般認為智慧型手機是筆記型電腦的破壞式創新。但是在智慧型手機的領域中，聯發科以高度模組化大幅降低製造成本，讓更多人買得起智慧型手機，這又屬於效率創新。

創新項目

1.科技產品及流程

2.技術創新的產品

創新項目

3.技術改良的產品

4.製程創新

創新分類

破壞式創新

維持性創新

效率創新

Unit **7-3**
創新指標

　　創新的目的，就是要創造價值。這可藉由不斷刺激與激發創意及點子，然後再藉由資訊科技或各種技巧，將創意及點子具體化，進而創造出獨一無二的產品、技術、服務品質等。

一、技術應用創新的觀察指標

　　(一) 提升核心競爭力及創新資源投入之具體成效；(二) 技術應用創新，對結合在地文化，創造服務加值之貢獻度；(三) 技術應用創新，對強化服務模式，與提升幸福指數之貢獻；(四) 技術應用創新，對運用科技美學，及感動體驗服務之貢獻。

二、商品創新的觀察指標

　　(一) 商品創新對開創新興市場之差異性、獨特性及創意性；(二) 商品創新在科技運用、功能、系統或操作介面之成效；(三) 商品創新對國內外市場經營，與品牌形象營造之貢獻度；(四) 商品創新對運用多元創新思維，提升有感服務之貢獻度。

三、流程創新的觀察指標

　　(一) 流程創新對新商品品質，及服務模式轉變差異之關鍵性；(二) 流程創新對經營管理效率精進，及服務加值成效之貢獻；(三) 流程創新對提升能源節約，及改善商品品質之具體貢獻；(四) 流程創新對國民生活品質，與在地關懷提升之具體貢獻。

138

四、組織創新的觀察指標

　　(一) 組織創新對單位創新環境，及獎勵機制建置之具體貢獻；(二) 組織創新對單位營運模式，及產業價值重整之具體貢獻；(三) 組織創新對推動關聯產業、價值鏈整合成效之具體貢獻；(四) 組織創新對驅動服務資源整合，及特色商品之具體貢獻。

五、行銷創新

　　(一) 行銷創新對經營策略及新服務模式之獨特性及影響性；(二) 行銷創新對新興市場通路拓展之運作機制及具體成效；(三) 行銷創新對創造品牌影響力及促進產業投資之影響性；(四) 行銷創新對客服滿意度及新市場經營成效之具體貢獻；(五) 社會責任履行績效。

六、組織管理創新

　　組織在制度面，可促成最有利於創新的因素。

技術、商品、流程創新指標

技術應用創新指標

| 提升核心競爭力 | 創新資源投入 | 服務加值貢獻度 | 幸福指數貢獻度 | 體驗服務貢獻度 |

具體成效

商品創新觀察指標

商品創新 觀察指標

① 開創新興市場

② 科技運用、功能、系統成效

③ 對國內外市場經營、品牌形象貢獻度

④ 有感服務之貢獻度

流程創新指標

流程創新 指標

① 對商品品質&服務模式之關鍵性

② 對流程效率&服務品質之貢獻

③ 提升能源節約，對商品品質之貢獻

④ 對生活品質&在地關懷之貢獻

Unit **7-4**
創新策略

一、籌劃創新策略的方式

創新策略的籌劃，可依照 (一) 製程；(二) 技術；(三) 市場；(四) 顧客等，區分為四大策略的類型。

(一) 規律性的創新（Regular Innovation）：創新是針對現有的製程或技術，及現有的市場或顧客。

(二) 利基創造的創新（Niche Creation Innovation）：創新是利用現有的製程或技術，但是區隔現有的市場或顧客。

(三) 建構式的創新（Architectural Innovation）：針對現有的市場或顧客，進行創新。

(四) 革命性的創新（Revolution Innovation）：創新不是利用現有的製程或技術，也不是針對現有的市場或顧客。

二、經濟合作暨發展組織（Organization for Economic Cooperation and Development, OECD）創新策略

根據OECD在2010年所提出的創新策略（OECD Innovation Strategy），列舉了七項對創新政策的建議：

(一) 創新是驅動經濟成長的動力，並且能有效解決全球社會問題。

(二) 重視並投資非實體的資產，例如：研發（R&D）、軟體、資料庫、人才技術等，將有助於創新與生產效率的連結。

(三) 政策必須反映目前情勢對創新的需求。

(四) 增加人民的創新技能，例如：國家技術人才的流動。

(五) 企業對創新的需求，例如：新創企業、稅制、智財權等。

(六) 對新知識的產生、擴散與應用。

(七) 對於創新概念，政府與政策的衡量方式必須改進。

三、政府協助創新的策略

(一) 提供企業誘因從事創新性的工作（例如：租稅獎勵等）。

(二) 資源的投入（例如：經費等）。

(三) 提供創新的方向（例如：法規、標準制定等）。

(四) 確定創新的成長潛力（例如：確認技術上的可行性、尋求商品化機會或提供輔助性資源等）。

(五) 加速資訊與知識的流通、刺激或創造市場、降低不確定性與降低社會上任何阻止創新的因素。

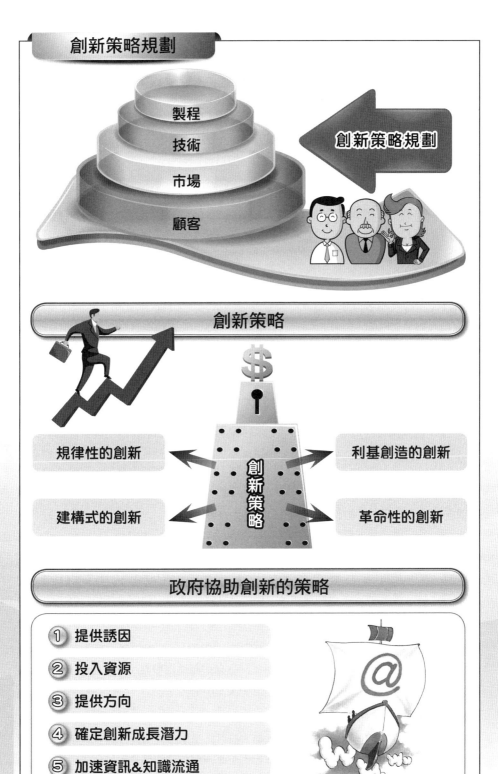

創新策略規劃

製程

技術

市場

顧客

創新策略規劃

創新策略

規律性的創新

利基創造的創新

創新策略

建構式的創新

革命性的創新

政府協助創新的策略

① 提供誘因

② 投入資源

③ 提供方向

④ 確定創新成長潛力

⑤ 加速資訊&知識流通

Unit **7-5**
服務創新

　　服務創新（service innovation）可增加顧客的便利性，創造更多潛在價值，獲取更高的顧客忠誠。服務業成長的源頭：一是資訊科技的進步，二是創新，三是人口組成變化。

　　一、服務：依據美國行銷協會（American Marketing Association, AMA）在1960年對服務的定義，「用以直接銷售，或配合貨品銷售所提供的各種活動、利益與滿足」。

　　二、服務特性：服務具備四大特性：(一) 無形性（intangibility）：服務在產生的程序中，會伴隨著許多其他實體設備或機器工具，如產品的試用，但服務本身卻是看得見的有形商品。(二) 易逝性（perishability）：服務無實質形體，當顧客存在時才會發生，顧客消失時，也跟著消逝；(三) 異質性（heterogeneity）：雖可以設立服務的標準化流程，但因認知、地點、時間，或顧客感受的差異，以及在傳遞的過程中，無可避免地牽涉到人為（情緒）的因素，也使得服務難維持一致的品質；(四) 不可分割性（inseparability）：服務的產生與交易是同時發生的。

　　三、服務創新的重要性：(一) 服務業的GDP占臺灣總GDP的七成，就業人口亦占了六成；(二) 世界上，任何事物都會變，顧客的需求，更是千變萬化！昨天顧客需要的，今天未必需要，今天顧客喜愛的，明天未必一樣。創新服務卻可以為產業滿足更多顧客的需求。所以服務不能一成不變、守舊、呆板，唯有不斷使服務創新，才能提供更新穎、更高品質的服務，以滿足差異化需求。

　　四、服務創新的魅力：服務是一種互動的過程，「人」是活動過程中最大的變數。服務創新的目的在於 (一) 維護或提升創新形象，滿足顧客不一樣的感受；(二) 增加顧客附加價值；(三) 贏得顧客的信任；(四) 吸引更多的顧客；(五) 回應競爭者的新服務；(六) 節省成本、提升獲利。一樣產品花在生產端的價值大概只有20%，其他80%大多發生在出廠後。事實上，服務才是產業獲利的引擎。

　　五、服務創新的構面：服務創新基本有五大構面，(一) 新服務（new service）；(二) 新客戶介面（new client interface）；(三) 新服務傳送體系（new service delivery system）；(四) 技術選擇（technological options）；(五) 商業組織（business organization）。

　　六、服務創新的運用：不論哪個產業，都可以運用服務創新，其方式為：(一) 把你的事業視為服務業，差異化你的商品；(二) 邀請顧客共同創新，打造更優質的顧客體驗；(三) 強化服務，提升專業化，提供更多產品選項；(四) 轉變商業模式，整合內外活動，建立開放平臺。

服務內涵與創新

服務業成長源頭

① 資訊科技的進步
② 創新
③ 人口組成變化

服務業特性

① 無形性
② 易逝性
③ 異質性
④ 不可分割性

服務創新的構面與應用

構面

① 新服務
② 新客戶介面
③ 新服務傳送體系
④ 技術選擇
⑤ 商業組織

應用

① 服務差異化
② 顧客體驗
③ 品質提升
④ 建立開放平臺

Unit **7-6**
產業倫理道德重要性

　　產業道德是產業倫理的核心，產業缺乏倫理道德，對產業是極大的傷害。譬如2013年的假油風暴，對於食用油產業造成衝擊。經濟部標準檢驗局在2014年7月，公布市售涼蓆23%含致癌的甲醛。我國涼蓆產業若仍不注意消費者健康，終將被棄。

一、法律

　　法律支持產業倫理的實踐，而且具有強制力，但法律僅是產業倫理道德的最低標準。

二、產業倫理的功能

　　產業的倫理道德是產業永續生存的基礎，若一味追求利潤，其實對企業不一定真的有利。

　　(一) 降低商業糾紛：在新世紀誰能把握企業倫理，誰就能擁有社會的信任，減少不必要的糾紛。反之，產業所提供的產品或服務，若不能有益於社會與消費者，而僅講求「利潤」時，就有可能使消費者受害。消費者受害，產業的商業糾紛就會增多，如此對於產業永續的形象，將是損傷。

　　(二) 避免危機：2008年的全球金融海嘯，是美國金融產業與房地產業嚴重缺德所造成。所以不遵行產業倫理，不按產業道德行事，會造成產業的危機。

　　(三) 降低商業成本：產業具有道德與倫理，就是最好的廣告。也因此，產業的發展，就不必浪費在賄賂、送禮、利誘等方面，所以能節省經費支出。

　　(四) 增強品牌知名度：產業遵循倫理、弘揚倫理的過程中，更容易在國際市場被廣泛的宣傳。這對於產業的品牌知名度，都有正面積極的影響！

　　(五) 資金來源：注重倫理的產業，當它要增資擴展時，最易獲得政府與國際的投資。此外，也較容易獲得三種機會：1.政府採購的機會；2.成為大型跨國公司供應鏈的機會；3.進入國際市場的機會較高。

三、國際產業倫理的潮流

　　國際潮流和社會輿論，所重視的產業倫理：

(一) 大地環境倫理；

(二) 政商倫理；

(三) 行銷倫理；

(四) 廣告倫理；

(五) 股東倫理；

(六) 工作環境倫理；

(七) 勞資倫理；

(八) 競爭倫理；

(九) 裁員與資遣的道德。

Unit **7-7**
第一級產業倫理

一、農業倫理

　　農業是經濟發展的基礎，也是立國的根本，人類農業的發展，經歷了漫長的歲月，如原始農業、傳統農業及現代農業等三個階段。雖然目前第一級產業從事的人最少，卻絕對不能忽視，因為其他一切的產業，都是建構在良心的農業生產上。

　　(一) 維護農業功能。

　　(二) 食品安全：為確保提供消費者安全、健康無汙染的農產品，無毒農業的生產方式皆應透明化，並提供完整履歷，提供消費者瞭解各個產品的生產過程。因此各農戶必須填寫田間紀錄簿，詳實記錄所使用的種源、有機肥料及防蟲害的方法。

　　(三) 環境保護：現代農業由於大量使用化肥，對環境帶來了相當大的危害。化學肥料方面最令人擔心的是氮素化肥的大量使用，造成人畜飲用水或蔬果中，硝酸鹽和亞硝酸鹽大量的累積。當飲用水中硝酸鹽含量超過45mg/l時，可使飲用該水的婦人所生嬰兒產生藍嬰症，或發生呼吸困難的現象。

　　(四) 尊重原種基因：基因改造，一旦科技失控，將對自然生態造成無可估計的傷害。

　　(五) 樂生與養生提供。

二、漁業倫理

　　漁業提供人類蛋白質、休憩等功能，該產業該遵循的倫理有以下三種：

　　(一) 維護海洋多物種。

　　(二) 生存環境。

　　(三) 維護樂生與養生的提供。

三、牧業倫理

　　(一) 尊重原種基因。

　　(二) 養殖過程倫理。

　　(三) 屠殺過程倫理。

小博士解說　　四個「如果」

　　第一級產業的倫理，是人生存的命脈。如果稻米、茶及糧食、水果都有農藥，那人以什麼維生？如果森林亂砍亂伐，對於景觀、蓄水及抗碳，都會產生衝擊；如果漁業濫捕或炸魚、毒魚，對人的飲食，會不會產生一定程度的殺傷力？如果畜牧業用的飼料都有抗生素、生長激素，會不會增加癌症的機率？

四個「如果」的答案，若都是Yes，人還能永續生存嗎？

第一級產業倫理

第一級產業倫理

農業倫理

- 維護農業功能
- 食品安全
- 環境保護
- 尊重原種基因
- 樂生與養生提供

漁業倫理

- 維護海洋多物種
- 生存環境
- 維護樂生與養生的提供

牧業倫理

- 尊重原種基因
- 養殖過程倫理
- 屠殺過程倫理

Unit **7-8**
第二級產業倫理

　　第二級產業就是製造業，製造業為人類提供重要產品。該產業該遵循的倫理有以下十一種：

　　一、產品安全：製造業最基本的倫理，就是產品安全。若製造業所製造或所供應的產品有缺陷，造成消費者身體傷害或財物損失時，除了形象受損外，產業也要支付大筆賠償金，必然會成為企業的沉重負擔。產品安全表示不能有產品瑕疵、安裝不良、使用不當或未維護檢修等。

　　二、有益產品：產品應滿足消費者食、衣、住、行、育、樂、清潔、通訊、尊嚴、安全……需求。但目前出現人工化學添加劑，有越來越多的趨勢，其他物類的產品也常造成消費者傷害，這些都應積極避免。

　　三、廣告誠實：在行銷活動中的責任，如做誠實的廣告等。

　　四、價格公道：價格一般來說，是由供需力量決定。但是在某些特殊時間點（颱風），或特殊的位置（地震災區），尤其當供需無法平衡之際，趁火打劫，哄抬價格，就是違反倫理。

　　五、簡易操作：產品的設計，應該以使用者需求為導向，不要過於複雜。因為人類有許多是文盲、銀髮族老人家，常有學習障礙。因此全球化的時代，應貼近人性化的設計，簡易操作為主。

　　六、重視環保：企業在生產過程中，可能會排出有毒的廢氣、廢水，因而會汙染空氣、水源、土地。產品生命周期結束後，產品是否能無毒分解，這些都是事前應該考慮，以避免負面狀況出現，這是製造業應遵守的倫理。

　　七、美與情境的考量：現代產品設計不只是滿足消費者需求的功能而已，對於使用時的心境更需要模擬考量。在消費者導向的產品設計，應考量美學與消費者使用情境，達到最大效益。

　　八、售後服務：在使用產品的過程中，消費者需要的服務，包括產品介紹、送貨、安裝、測試、維修、技術培訓、保固等服務。常見問題如軟硬體安裝及操作，或未能解決的疑問，這些都需要售後服務（after-sales service）。

　　九、不濫用智財權：智慧財產係源於人類精神活動，而創造出具財產價值之無形財產。因此，保護智財權是企業發展重要之道。但若濫用，則不只傷害文化，也傷害了新的商業機會。

　　十、良好的員工關係與福利：提供員工舒適安全的工作環境，讓員工有工作滿足感等。

　　十一、慈善活動：如贊助教育、藝術、文化活動，或是弱勢族群、社區永續發展計畫等。

第二級產業倫理

1. 產品安全

2. 有益產品

3. 廣告誠實

4. 價格公道

5. 簡易操作

6. 重視環保

7. 美與情境考量

8. 售後服務

9. 不濫用智財權

10. 良好的員工關係與福利

11. 慈善活動

Business NEW

Unit **7-9**
第三級產業倫理

一、服務業倫理核心

　　根據我國金融業的證券法規定，其中的「職業道德規範」，主管機關公布的內涵：(一) 業務推廣與招攬；(二) 受託執行業務；(三) 告知義務與通知；(四) 誠實信用原則；(五) 有關利益衝突防止；(六) 保密原則，遵守法律與自律。事實上，以上六項規範，就是第三級產業的重要核心。

二、服務業倫理實踐要點

　　服務業（美容、會計、醫療、金融、電信、教育……）倫理，涵蓋以下六點：

　　(一) 總體考量：只有總體考量專業的議題，才不會頭痛醫頭、腳痛醫腳，甚至出現飲鴆止渴的錯誤作為。很多時候在專業領域裡，由於資訊不足或片面考量，所以決策或問題處理不具全局的戰略高度，而將注意力只放在某個點上。在分工精細的單位內，這種現象最為明顯。

　　(二) 專業判斷：企業在經營活動上產生的經營訊息，其多寡或複雜性，隨規模之大小及業別不同而異。在職場上，如果是企業的執行長，就應該對企業的十項結構，包括：組織、人力、薪資、業務、產品、成本、資本、資產、負債及權益等，有深入的瞭解。

　　具備專業才能做出專業判斷，才能順利解決問題、完成任務。所以既解決受託者可能的傷害，又可能對於客體產生益處，這就是專業倫理的精神。

　　(三) 對專業服務對象有愛心：如果說員工的職業道德是美麗的項鍊，那麼，愛心就是項鍊上那顆耀眼的鑽石。專業人士若欠缺愛心，對被服務的對象將是一種折磨。

　　(四) 對專業服務對象忠誠：應該對所從事這項專業應負責的對象忠誠，譬如醫生應該對病人負責；工程師對工程負責；諮商師對被諮商者負責；教授對學生負責；保險員對被保險者負責；證券營業員對客戶負責等。

　　(五) 危機預防：每一項專業都代表一項任務，而任務在不同時空環境下，都有可能發生意外。如何及時完成任務、避免意外，是專業倫理應該遵守的規範。

　　譬如，許多設計工程師缺乏責任意識的涵養，常以最便宜、最快速的方法去完成工作，以致因設計、施工、管理不當等因素，帶給社會巨大的災難，日後必須額外付出更多的社會成本。

　　(六) 遠見：有專業才有遠見，這是指對於未來發展看得很長遠，並分析、判斷未來的情勢，運用所具備的知識與學問，深思熟慮的將企業未來的前景妥善規劃，以符合未來的發展趨勢。

　　遠見可細分為：有願景、宏觀角度、自我期許、期望、奉獻、瞻望、敞開、穩健、理想、果斷、決心、周詳、智慧、知識、能力等十五項。

金融業「職業道德規範」內涵

1. 業務推廣與招攬

2. 受託執行業務

3. 告知義務與通知

4. 誠實信用原則

5. 有關利益衝突防止

6. 保密原則

服務業倫理實踐要點

1. 總體考量

2. 專業判斷

6. 遠見

服務業倫理
實踐要點

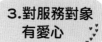

3. 對服務對象有愛心

5. 危機預防

4. 對服務對象忠誠

Unit **7-10** 產業國際化

產業所提供的產品打入國際市場，稱之為產業國際化。產業若僅在國內發展，終究是個小產業。在全球化時代，產業國際化是大趨勢。相關產業國際化的理論，大致經歷了古典、新古典、新貿易理論等重要的階段。

一、古典貿易理論

(一) 重商主義：國家富強就是要產業出口、出超，財富的唯一形式只有金銀。(二) 重農學派：重視農業，主張自由貿易、自由經濟。(三) 絕對優勢理論：在國際分工中，每個國家應該專門提供自己最具絕對優勢產業的產品，以交換其具有絕對劣勢的產品，這樣就會使每個國家都獲得最大利益。(四) 比較優勢理論：產業分工的基礎，不限於絕對成本差異，哪怕都處於全面劣勢的地位，該國仍然可以通過生產勞動生產率差異較小的產品，進行產業國際化，從而獲得比較利益。(五) 保護幼稚產業理論：一國新興的產業，無法與國外經驗豐富、技術優良的產業競爭，因此建議政府給予新興產業特別的保護。(六) 相互需求理論：相互需求理論指出兩國產業交流所產生的貿易利得，是由貿易條件所決定。

二、新古典貿易理論

(一) 要素稟賦論：兩國產業國際化交流，最主要的原因是，要素稟賦不同。要素稟賦不同最關鍵在要素充裕度不同，這些要素涵蓋資本、土地、勞動力等。在產業國際化過程中，密集使用要素（本國充裕要素）的產業，其相對報酬會提高；進口的產品會影響本國的產業，尤其是本國缺乏要素相關產業的報酬會降低。

(二) 里昂惕夫悖論：資本要素豐富的國家，不一定會使用資本含量高的相關產業進行出口。

三、新貿易理論

(一) 技術差距理論：該理論說明產業在進行國際交流時，最關鍵的原因是技術上的差距。所以特別強調技術進步、創新，是國際分工基礎。(二) 產品生命周期理論：該理論解釋日本及工業化國家，從某些產品的出口國如何轉變為進口國。(三) 國家競爭優勢理論：哈佛大學教授波特（Michael E. Porter）強調，產業的競爭優勢，決定一國的競爭優勢。因為一國興衰的根本原因，在於它能否在國際市場中取得競爭優勢。(四) 規模經濟：若一廠商成本隨著其產出的增加而遞減，即具有內部規模經濟（internal economies of scale）；而若一產業內所有廠商之成本，均隨著整個產業的擴大而減少，即為具有外部規模經濟（external economies of scale）。當產業具有規模經濟，就能夠成為產業國際化的動力。(五) 國際產業轉移理論：透過國外直接投資，將帶來產業跨區域移動的作用，對國際貿易的地區結構造成極大的影響。

古典貿易理論

① 重商主義

② 重農學派

③ 絕對優勢理論

④ 比較優勢理論

⑤ 保護幼稚產業理論

⑥ 相互需求理論

新古典貿易理論

新古典貿易理論 → 要素稟賦理論

新古典貿易理論 → 里昂惕夫悖論

新貿易理論

技術差距理論

產品生命周期理論

國家競爭優勢理論

規模經濟

國際產業轉移理論

新貿易理論

Unit 7-11
產業貿易

國際間的產業貿易型態，可分為產業間貿易（inter-industry trade）和產業內貿易（intra-industry trade）。

一、產業間貿易

產業間貿易係指兩國產業相互出口不同產業的產品。例如：臺灣賣平板電腦給紐西蘭，而紐西蘭則賣奇異果給臺灣。產業間貿易尤其發生在初級產品（原料與農產品）和工業製品間的貿易，特別是發生在開發中國家與已開發國家間貿易。

二、產業內貿易

產業內貿易是指兩國同時出口和進口同一產業或產品分類的產品。雖然雙方產品屬於同個產業（品質相同），但是在屬性（技術、品味）上的差異極大。例如：臺灣賣IC設計零件給中國，而中國賣小米機給臺灣。在知識經濟時代下，由於知識與訊息快速傳遞，使得生產上的國際分工越來越容易。因此國際間，同一產業內的貿易也迅速增加。

(一) 產業內貿易的型態：產業內貿易的型態，可分為：1. 同一產業不同生產階段產品的貿易；2. 同一產業以不同技術生產產品的貿易；3. 同一產業內差別化產品的貿易。

(二) 產業內貿易的原因：產業內貿易的原因，有以下五點：

1. 產品差異：產品差異的原因，主要是貿易國彼此之間：(1) 要素密集度不同；(2) 生產技術的不同；(3) 生產階段的不同。

2. 規模經濟：當進行商品差異化貿易的時候，產業內貿易量就會增加，市場規模就會擴大，會加速該產業廠商數目之增加，同時消費者所能選擇的商品種類與數量也隨之增加，廠商的單位成本將因為「規模經濟」與「學習效果」而逐漸下降，更加速產業內貿易的進行。

3. 所得差距：兩國彼此間的所得差距越小，其需求型態越相近。偏好相似的消費者，就越有可能購買對方的差異化商品；兩國間所得差距越小，其要素稟賦差異也就越小。

4. 技術移轉：當技術接受國引進先進國家之先進技術，利用其長時間在「基礎研究」、「應用研究」及「開發研究」的成果為目標，在最短時間努力「學習、消化、改良或創新」，以生產比技術來源國更優良的產品，提高與技術來源國在國際市場的競爭能力。進而將所累積的技術，整合為全球性之技術管理並成為海外子公司技術移轉的策略，如此利用可以加速企業發展，並獲取更多利益。

5. 產品周期：不同產品生命周期，生產區位就會不同。日本經濟學者觀察到日本產業興衰起伏的特徵，是反覆經歷進口、進口替代、出口、重新進口等周期循環，因而逐漸形成一套國際產業轉移理論。

154

產業貿易型態

```
產業貿易
型態
```
→ 產業間貿易

→ 產業內貿易

不同生產階段
不同技術生產
差別化產品
→ 型態

產業內貿易原因

1.產品差異

2.規模經濟

產業內
貿易原因

5.產品周期

4.技術移轉

3.所得差距

第 **8** 章

產業危機管理能力

●●●●●●●●●●●●●●●●●●●●●●●●● 章節體系架構 ▼

Unit 8-1 產業危機管理能力

Unit 8-2 「產業痛苦指數」意義、目的、效用、指標

Unit 8-3 「產業痛苦指數」──市場有效需求指標分析

Unit 8-4 「產業痛苦指數」──產業競爭力指標分析

Unit 8-5 「產業痛苦指數」──產業獲利率與市場占有率指標分析

Unit 8-6 「產業痛苦指數」──基礎結構

Unit 8-7 「產業痛苦指數」──整體結構

產業危機管理能力

各國產業遭遇危機是必然的，只是危機的來源不同。因此產業危機管理的能力，就顯得格外重要。

一、產業危機來源：在目前這個世代，產業危機來源既多元也普遍，譬如，極端變化的氣候，帶來泰國大水的災難；塑化劑造成食品飲料產業的重創；SARS衝擊運輸業、航空業；豬瘟造成養豬產業的傷害；政府打房造成房地產業、房仲業的威脅；日本大地震摧毀當地產業；以阿之間的衝突、俄羅斯與烏克蘭的領土衝突，造成附近全面產業的傷害；越南大暴動造成臺商產業的毀損；2014年假油缺德的風暴，對食用油品產業形象產生傷害；2014年中韓自由貿易協定（FTA），對臺灣每年輸陸約154億美元的面板，以及約12億美元的偏光板訂單，造成極大價格衝擊⋯⋯。

二、產業危機是必然會發生的：每一個國家的產業，都有每一產業危機的來源，無論是政府的貪汙腐敗、政治軍事的動盪衝突、幣值過高、內需不足、各種突發的天然災害（地震、水災、野火、龍捲風、颱風、瘟疫）、勞動力的不足⋯⋯。如我國遭逢第一次石油危機、第二次石油危機、2008年全球金融海嘯。

三、預防產業危機最重要：在產業危機爆發之後，產業被迫要進行緊急處理。像2014年的越南大暴動，當時臺灣在越南的各種產業，該如何有效處理？就危機處理史而論，危機爆發之際，正是最需要危機解決的答案，可是卻又沒有立即可靠的答案，給予決策者來處理危機。所以危機預防對於產業的生存發展，扮演極為重要的角色。

四、產業危機處理的困難性：產業危機爆發後，常造成產業措手不及、資訊不足、壓力極大、破壞力極強、可反應的時間極短、危機處理的選項極有限等制約。

五、處理產業危機的具體行動：在產業危機爆發後，仍然有機會扭轉乾坤、反敗為勝！那麼在具體行動上，應該有什麼樣的程序呢？它的具體實踐程序，可歸納為下列十項：(一) 專案小組全權處理；(二) 蒐集產業危機資訊；(三) 診斷產業危機；(四) 確認危機決策的方案；(五) 執行處理策略；(六) 掌握處理危機重點；(七) 尋求外來支援；(八) 產業危機的指揮與溝通系統；(九) 提升產業無形戰力；(十) 危機後的檢討與恢復。

六、產業危機管理的具體內涵：(一) 產業危機預防；(二) 產業危機處理；(三) 產業危機溝通。這三者之中，以產業危機預防最為重要。在產業危機預防之中，如何偵測危機最為關鍵。為掌握此關鍵，在以下幾節特別提出「產業痛苦指數」，作為偵測危機之用。

產業危機的發生處理

產業危機
來源

必然的！

高雄氣爆	塑化業
美歐反傾銷	太陽能產業
泰國大水	大部分產業
日本311大地震	大部分產業
SARS	大部分產業
越南大暴動	大部分產業

產業危機處理行動

產
業
危
機
處
理
行
動

專案小處全權處理

蒐集產業危機資訊

診斷產業危機

確認危機決策方案

執行處理策略

掌握處理危機重點

尋求外來支援

產業危機指揮與溝通

提升產業無形戰力

危機後的檢討與恢復

Unit **8-2**
「產業痛苦指數」意義、目的、效用、指標

一、「產業痛苦指數」（pain index）意義

「產業痛苦指數」界定為「產業經營的領域，受外來威脅的程度」。

二、「產業痛苦指數」目的

「產業痛苦指數」總體分析模型，真正目的在於測量危機嚴重性的程度。產業可經由「產業痛苦指數」的顯示，產業受到威脅的程度高→產業痛苦程度高→產業危機程度高。因此，可藉由其變動的情形，來作為產業安全與否的重要參考依據。透過「產業痛苦指數」，即可瞭解「痛苦程度高，危機程度高；痛苦程度低，危機程度低；解決產業痛苦，就是解決產業危機」。

三、「產業痛苦指數」效用

用「產業痛苦指數」的「痛苦程度」高低，來界定危機程度的內涵，並透過此制度的設計，達到危機診斷及「標本兼治」的功能，來迅速解決危機。

四、「產業痛苦指數」指標選定

「產業痛苦指數」指標的選定，最主要的關鍵在於辨識外在產業威脅的來源。本模型的指標，主要有下列三方面：市場有效需求（獲利來源的大小）、產業競爭力、產業市場占有率及獲利率。

(一) 市場有效需求：David A. Aaker 所著的《策略行銷管理》指出，衰退的市場可能會造成具敵意的市場狀態。市場有效需求萎縮可能的原因很多，或訂單量減少，或顧客消費量與次數明顯減少，或業績下滑，或品管的問題，這些市場特徵是產能過剩、低邊際效益、競爭激烈，因此必然都不利於產業生存，所以將其列為「產業痛苦指數」的指標。

(二) 產業競爭力：產業競爭力是推動產業成長的原動力，也是產業立足生存的關鍵。若競爭對手的產業能力強，就會威脅己方產業戰略部署，產業的痛苦程度就高；反之，痛苦程度就會降低。

(三) 產業市場占有率及獲利率：產業市場占有率及獲利率，兩者對於產業的生存，都是缺一不可。當產業受到內外在環境急遽變遷的衝擊，必然會反應在市場占有率、獲利率。

產業痛苦指數

產業痛苦指數

→ 產業經營的領域，受外來威脅的程度

指標

① 市場有效需求

② 產業競爭力

③ 產業市場占有率、獲利率

目的

測量危機嚴重性

標本兼治　診斷危機

解決危機

Unit **8-3**
「產業痛苦指數」──市場有效需求指標分析

一、市場有效需求

　　「產業痛苦指數」中所謂的「市場」，主要由四個因子所共同組成：(一) 人口及其需求；(二) 購買能力；(三) 購買意願；(四) 購買權限。

> 合格有效市場人數＝市場總人口數 × 有購買資格者之比率

二、市場有效需求萎縮──結構性原因

　　(一) 科技替代性：某些產業衰退的原因是，「科技創新」所創造的替代品，如人工塑膠與合成纖維的出現，使傳統的天然橡膠遭受重創，又如高鐵取代短程飛機、合成皮替代真皮。當替代品增加後，原產品的銷售量通常會縮減，如此對於企業獲利必然產生威脅，所以企業「痛苦」程度自然升高。

　　(二) 人口因素：未來的趨勢是老年人口增加。當老齡化人口的比例增高後，支出就會保守，市場相對就比較萎縮。人口變化的因素很多，如果這個現象會造成客戶驟減、降低對產業的需求，這就形成產業威脅。例如：以往經營模式屬國外代工者，只依據國外公司所下的訂單和規格，就足以生存發展。但是當國外客戶為壓縮成本，而將訂單逐漸移至中國，這就是產業需求人口的變化。這種變化的結果，導致客戶減少，最後將嚴重威脅公司生存。

　　(三) 需求移轉：需求增減影響產品的定價，更會直接影響企業的榮枯。需求移轉主要原因說明如下：

　　1.景氣變動：景氣變動會影響購買力的升降，如果景氣使購買力提高，有效需求就會增加；相對地，設若景氣反轉，也會使購買力降低，有效需求減少。故此，景氣變動已成為產業機會與威脅的來源。例如：2008年的全球金融風暴、2012年的歐債危機，都是景氣變動衝擊需求最鮮明的代表。

　　2.突發事件：從產業危機史的角度而言，造成某產業急遽萎縮的原因，常是來自於外部環境突發的事件。這部分涵蓋戰爭、天災、瘟疫、或政經環境突然改變等。例如：美國遭逢「九一一」恐怖攻擊事件，搭飛行器的旅客大為減少，再加上美國禁航命令，對於航空業都構成嚴重衝擊。2011年日本311大地震，衝擊資訊相關產業供應鏈，其中，以矽晶圓廠信越半導體、SUMCO兩家受影響最大。

　　3.市場競爭者：市場若缺少競爭者，產業就容易滿足於本身的表現，當這種自滿一出現，公司就可能會有兩、三年，甚至五年不改變產品、服務品質及價格情況，最終則會貶低產業在市場上所扮演的角色。若加入的競爭者過多，市場就會變得較小，相對的生存空間也會被壓縮。因此，競爭者擴張市場占有率，必然會影響原市場經營者的占有率。

市場「有效需求」指標

人口及其需求

購買能力

購買意願

購買權限

有效需求萎縮原因

科技替代

人口(ex少子化)

需求移轉

景氣變動

突發事件

市場競爭者

Unit **8-4**
「產業痛苦指數」──產業競爭力指標分析

產業競爭力是指在國際競爭性的市場中，某國產業比其他國的相同產業更有效地向市場提供產品和服務，並獲得盈利和發展的空間。

一、產業競爭力指標

1.前瞻能力	6.財務能力
2.創新能力	7.運用科技及資訊加強競爭優勢的能力
3.以顧客為導向的產品及服務品質	8.國際營運能力
4.營運績效及組織效能	9.企業社會責任
5.培養、吸引人才的能力	10.長期投資價值

若將這十項指標歸類，大致可區分為三大類：一是產業科技競爭力，二是產業戰略競爭力，三是產業組織競爭力。

二、產業競爭力指標分析

164

(一) 產業科技競爭力：

無論產業規模大小，都需要數位科技來強化產業競爭力，如企業資料庫、產品研發、企業教育訓練、電子資料的交換、供應鏈、電子商務……。為避免產業科技競爭力差距擴大，而阻礙產業的競爭力，研發創新同樣不可少。

(二) 產業戰略競爭力：

1.「產業戰略」的界定是，「藉由創造與運用產業有力狀況之藝術，俾得在爭取產業目標時，能獲得最大成功勝算與有利效果。」因此，在整個產業活動中，最重要的就是針對商品或服務所欲滲透的目標市場，來擬定整體作戰的長期戰略。

2.波特（Michael E. Porter）在《競爭策略》（*Competitive Strategy*）一書，強調競爭戰略的重要性，更提醒：產業的機會與威脅；公司的長處與弱點；競爭者；更大範圍的社會期待；公司外在、內在因素等，是制定競爭戰略，應注意的五項變數。唯有正確的競爭戰略，產業方能克敵制勝、宰制市場。

(三) 產業組織競爭力：

商場的戰爭，不是單打獨鬥，而是靠團隊合作。產業的研究、生產、行銷、財務、人力資源、設計研發，關係著產業總體戰力的發揮。

產業競爭力指標

產業競爭力指標

前瞻能力　創新能力　產品及服務品質　績效　人才　財務能力　科技運用　國際營運能力　企業社會責任　長期投資價值

科技競爭力

戰略競爭力

組織競爭力

Unit **8-5**
「產業痛苦指數」──產業獲利率與市場占有率指標分析

　　產業獲利率與市場占有率，同為產業永續生存所不可或缺的重要變數。也是衡量產業資源投入，以轉化為價值性的產出等成就表現（performance）最直接、最具體的方式。

一、指標重要性

　　獲利率與市場占有率高低的動態變化，直接攸關產業的興衰。因為市場占有率擴張與否，直接影響產業的利潤額、獲利能力及投資報酬率。市場占有率的增加，更可促進產業的成長。市場占有率大幅衰退，正顯示產業競爭優勢的喪失、利潤降低，時日一長，產業必然瀕臨虧損，最後只有被迫退出市場。為了保有市場占有率，產業當全力以赴。企業的成敗可從市場占有率的變化來觀察，這些影響變化的因素，包括：通路、消費者變遷；競爭者消長；創新研發的速度；國際經貿大格局的變化。這充分說明企業市場占有率，是企業攻守必固的疆域，不能有絲毫的退讓。

二、產業「市占率」

　　這個數字不只是顯示產業在國際市場所擁有的市占率大小，從實際也可看出市場競爭者集中度與激烈度。例如：檢視市場前三～五強占整體市場的比率是多少？如果很低，表示這是一個競爭者分散，但競爭可能十分激烈的市場；如果比率很高，就表示這是獨占或寡占的市場，可能存在著很高的進入障礙。

三、產業獲利率

　　若為了市場占有率，而拚命的流血輸出，不考慮獲利率，這種市場占有率是有害的。所以獲利率與市場占有率降低，是兩類不同型態的危機，但都同樣考驗企業生存與發展的能力。產業獲利率高，代表消費者的重購率，及對價格容忍力都較高，某種程度也能顯示消費者滿意度較高。

　　(一) 產業獲利率：產業獲利能力的指標，主要包括營業利潤率、成本費用利潤率、盈餘、總資產報酬率、淨資產收益率和資本收益率六項。

　　(二) 顧客獲利率（customer profitability）：顧客終生對產業所貢獻的利潤，亦即其終生的採購金額扣除產業行銷與管理的成本。

　　產業無論制定何種策略，最終的目的就是要達到股東價值的最大化，所以產業的獲利率絕對是要納入考量的重點。

　　(三) 衡量產業的經營績效優劣，總資產的報酬率：可作為綜合的評估指標。

　　(四) 80-20法則：

　　1. 產業80%主要獲利來源，來自於前20%的消費者。

　　2. 產業80%的利潤，來自於20%的產品。

Unit 8-6
「產業痛苦指數」──基礎結構

「產業痛苦指數」標示的方式，是由三項變數（市場需求、產業競爭力、獲利率與市場占有率）的不同燈號，所共同組合而成。

黃、紅燈號總體顯示原則：個別燈號有個別的程度原則，如前述；總體燈號顯示，爆發期為紅燈、醞釀期為黃燈。其中個別指標雖仍為黃燈，但仍以總體指數所在的區間作為燈號的劃分。例如：爆發期第二級的產業競爭力對比的個別指標，雖是黃燈，但整體指數位於爆發期的紅燈區，則仍以紅色表示之。

「產業痛苦指數」的基礎結構

一、市場需求萎縮

(一) 選取燈號的理由：市場是產業攻守的核心領域，也是產業利益的主要來源，所以市場需求若是萎縮，顯然制約了產業生存與發展，因此對於產業將構成重大壓力。

(二) 燈號構成的內涵意義：1.紅燈：景氣惡化、過多競爭者、突發的政經事件（阿拉伯的茉莉花革命）等，如全球金融風暴或歐債危機，而造成市場急遽萎縮，以A2表示之。2.黃燈：市場衰退，但衰退程度不足以威脅產業生存，僅會對產業發展形成挑戰，以A1表示之。

二、產業競爭力不對稱性

(一) 選取燈號的理由：競爭力是企業生存的基礎，不過競爭力不能只看自己，也要看競爭者的目標、能力與現行產業策略。因為它不僅會影響產業的獲利，更是產業生存的直接威脅。在客觀結構實力上，如果競爭者的產業競爭力超越我方，那麼就是產業危機因子的重要內涵。

(二) 燈號構成的內涵意義：1.紅燈：透過產業競爭力對比後，設若在產業科技競爭力、產業戰略競爭力、產業組織競爭力等三項變數中，出現有兩項戰力對比的落差，即是產業的嚴重威脅，故以B2表示之。2.黃燈：產業科技競爭力、產業策略競爭力、產業組織競爭力等三項中，出現任何一項戰力對比的落差，則以B1表示之。

三、獲利率與市場占有率衰退程度

(一) 選取燈號的理由：產業各種努力的總和，最終都會反映在市場占有率。反過來說，如果市場占有率出現衰退，除了總體環境與競爭對手之外，很可能是產業的產品品質或服務出現問題。這個結果最能說明產業被威脅的程度。

(二) 燈號構成的內涵意義：1.紅燈：產業獲利率及市場占有率，已不足以支持企業必要的生存空間，或市場占有率下降的幅度過巨、速度過快，嚴重衝擊企業獲利及內部士氣，此時則以C2表示之。2.黃燈：獲利率及市場占有率微降，影響度並不足以限制產業生存，但仍衝擊企業獲利營收，以C1表示之。

產業痛苦指數

產業痛苦指數

① 市場需求萎縮

② 產業競爭力不對稱性

③ 獲利率與市場占有率衰退程度

燈號

○ 黃燈—醞釀期

○ 紅燈—爆發期

市場需求萎縮

○ 黃燈 ── 對發展形成限制

○ 紅燈 ── 需求急遽萎縮 ── 景氣惡化 / 過多競爭者

產業競爭力不對稱

○ 黃燈 ── 產業科技競爭力 / 產業策略競爭力 / 產業組織競爭力 ── 出現1項落差

○ 紅燈 ── 產業科技競爭力 / 產業策略競爭力 / 產業組織競爭力 ── 出現2項落差

獲利率及市占率衰退程度

○ 黃燈 ── 稍衰期

○ 紅燈 ── 嚴重衰退

Unit **8-7**
「產業痛苦指數」──整體結構

　　「產業痛苦指數」構成的危機指數變化，而形成不同危機程度的組合，可以按程度分成危機指數1到危機指數9。由此程度的變化，可充分展現產業危機預警的功能。一旦產業危機預警制度建立，就能越早預報其發展與現況，如此將進一步防範危機的發生，甚至能掌握先機，解決危機因子以維護產業利益。

　　「產業痛苦指數」構成的整體結構，按嚴重程度從指數1-9。

　　一、指數1──危機醞釀期第一級：「產業痛苦指數」三項指標中，有任何一項黃燈出現，就表示已進入產業危機醞釀期。此時程度低，是解決問題的良機，鑑於它可能會不斷發展醞釀，因此就應針對「病源」對症下藥，而非拖至病入膏肓，才開始解決，若能如此，處理起來成本較低，成功機率較高。

　　二、指數2──危機醞釀期第二級：「產業痛苦指數」任何兩項指標出現黃燈，就表示已進入危機醞釀期的第二級。

　　三、指數3──危機醞釀期第三級：「產業痛苦指數」三個黃燈同時出現，表示進入危機醞釀期的第三級。

　　四、指數4──危機爆發期第一級：「產業痛苦指數」任何一項指標，出現紅燈，就屬於指數4。

　　五、指數5──危機爆發期第二級：產業競爭力不對稱性或市場占有率及獲利率衰退程度、或市場需求萎縮等三項指標中，任何一項出現紅燈，並帶有其他指標的另一個黃燈。

　　六、指數6──危機爆發期第三級：「產業痛苦指數」任何兩項指標出現黃燈，外加另一項「產業痛苦指數」指標出現紅燈。

　　七、指數7──危機爆發期第四級：「產業痛苦指數」任何兩項指標出現紅燈。

　　八、指數8──危機爆發期第五級：任何兩個變項（市場占有率衰退程度；產業的競爭力對比；市場需求萎縮）出現紅燈，且有另一變項為黃燈，就表示已進入危機爆發期的第五級。

　　九、指數9──危機爆發期第六級：三項指標皆出現紅燈。

　　當三項關鍵性指標的燈號，由紅易黃，由黃轉綠，才表示危機處理有效！反之，亦然。

　　指標鈍化：進入「產業痛苦指數」所標示的危機爆發期，尤其是攀升到最高指數9的時候，除非危機處理得宜，否則「產業痛苦指數」的機制，會一直停留在指數9的三個紅燈區，形成指標鈍化的現象。

「產業痛苦指數」結構

「產業痛苦指數」結構

指數 ① ➡ 出現1個黃燈

指數 ② ➡ 出現2個黃燈

指數 ③ ➡ 出現3個黃燈

指數 ④ ➡ 出現1個紅燈

指數 ⑤ ➡ 出現1個紅燈
　　　　　1個黃燈

指數 ⑥ ➡ 出現1個紅燈
　　　　　2個黃燈

指數 ⑦ ➡ 出現2個紅燈

指數 ⑧ ➡ 出現2個紅燈
　　　　　1個黃燈

指數 ⑨ ➡ 3個紅燈

指標鈍化 ➡ 當痛苦指數達9時
　　　　　　且停留於此，不再移動

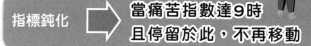

第八章 產業危機管理能力

171

第 **9** 章

產業轉型

●●●●●●●●●●●●●●●●●●●●●●●●●●● 章節體系架構

Unit 9-1　產業轉型原因

Unit 9-2　產業轉型

Unit 9-3　產業轉型戰略

Unit 9-4　產業轉型需要什麼？

Unit 9-5　產業轉型案例

Unit **9-1**
產業轉型原因

　　產業生存的大環境，一旦有所變，產業自當轉型以對，而非坐以待斃，或逐漸凋零。產業轉型升級，可提高產品附加價值，避免微利。以下提出驅動產業轉型的主要原因，主要有六項。

　　一、全球競爭激烈：在全球競爭越趨激烈的環境下，製造業者為爭取更大的利潤空間以及訂單，體認到只有服務才是創造差異化的來源；傳統服務的方式已不能滿足顧客，隨著全球化的激烈競爭，服務業也積極思考產業升級。服務系統的變革，將是經濟成長的另一個重要里程碑！這類的服務系統，可將包含人、技術、組織與科技的混合體，無遠弗屆地將服務以創新的方式遞送遠端。

　　二、微利化趨勢：電子業總喜歡用「毛3到4」（毛利率3%至4%），自嘲毛利很低的經營環境困境。但如今甚至從「毛3到4」，變成「坐2望1」（毛利率1%至2%），可以說微利化趨勢更嚴重。因此，產業若不轉型，幾乎無利可圖。

　　三、轉型是趨勢：美、德、日、韓均積極針對全球新需求趨勢（如高齡化、智慧化），並切入重點產業（如德國以智慧系統，日本以跨領域應用），促進科技升級與商業應用，強調技術深耕與多元創新，藉由產業調整、滿足新市場需求。綜觀國際趨勢，各國紛紛推動產業結構調整，我國無法置身事外。

　　四、網路化：全球化與網路資訊去疆界化，帶來全球化市場，卻也因為競爭加速，促使產業必須加速轉型。

　　五、產業空洞化：1986年之後，由於工資、房地產及臺幣大幅提高，造成勞力密集產業大幅外移，產業結構更是急遽轉變。臺商大舉投資中國，已排擠國內投資、使產業升級速度減緩，也造成臺灣出口品被中國取代，臺灣產業空洞化、失業率居高不下、所得分配持續惡化，整體經濟發展受制中國等嚴重問題。

　　六、產業衰退：

　　(一) 以臺灣的染整業為例：在2000年時還有652家業者、僱用3.3萬就業人口，但因染整業面臨油電成本大漲、生產線勞工難尋等困境，到2014年，關廠的關廠、外移的外移，已所剩無幾。

　　(二) 以租書業為例：租書業在臺灣歷史悠久，民國40、50年代最早的租書鋪，是在路邊擺出一本本印刷粗劣，一冊約3、5萬字的武俠小說，例如：《諸葛四郎》或《阿三哥》等著作，供人租看。1966年施行漫畫審查法，對本土漫畫創作，產生很負面的影響。到了80年代，租書店主力由小說轉成日本漫畫，武俠小說轉趨蕭條。到了90年代，實施電腦化管理與會員制度，正是連鎖租書店擴張的時期。但網路興起後，以廣告或其他方式，賺取相應的報償，提供近乎免費的文創商品新模式，使得租書店幾乎無法生存。

　　從仰望天空到萊特兄弟發明飛機，從鑽木取火到愛迪生發明了燈泡；由飛鴿傳書到電子郵件，似乎都在說明，那怕是最簡單生活型態，產業都在轉型中。

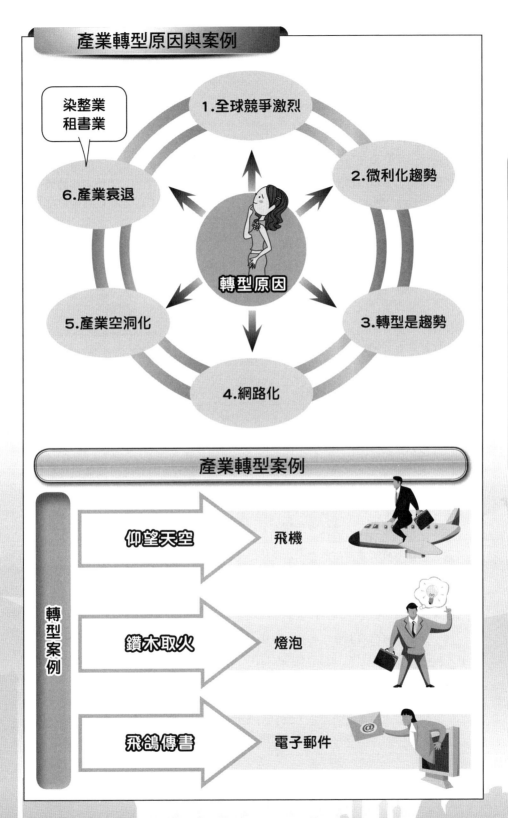

産業轉型原因與案例

染整業
租書業

1.全球競爭激烈

2.微利化趨勢

轉型原因

6.產業衰退

5.產業空洞化

3.轉型是趨勢

4.網路化

產業轉型案例

轉型案例

仰望天空　飛機

鑽木取火　燈泡

飛鴿傳書　電子郵件

Unit **9-2**
產業轉型

　　2014年7月22日華碩集團董事長施崇棠指出，臺灣企業必須要轉型成長、創新突圍，在轉型中，若無法做出對的行動，就會掉入死亡谷。過去，臺灣產業擅於生產管理，以成本掛帥，靠價格取勝；但目前受到新興國家崛起的推擠，臺灣產業的競爭優勢，大不如前。2014年10月行政院宣布將射三支箭，以促進產業轉型升級。這三支箭包括：資通訊產業轉型、傳統產業再升級及積極開拓新興產業。

　　產業轉型必須注意以下四大方向：

　　一、提升產品品質及價值：我國製造業附加價值率，逐年下滑，需引導產業朝高值化發展。具體措施主要包括：

　　(一) 發展高值化研發；

　　(二) 促成上、中、下游研發聯盟；

　　(三) 協助整合開發測試認證；

　　(四) 協助建立全球運籌中心。

　　二、建構完整產業供應鏈體系：主要目的在建立產業鏈，以免受制他國大廠，無法自主供應，並優先掌握關鍵材料、零組件（如工具機控制器、自行車電子變速器）及設備自製，其具體措施主要包括：

　　(一) 盤點產業缺口；

　　(二) 籌組研發聯盟，建立自主體系，整合上、中、下游共組研發聯盟，規劃設備、零組件及材料介面之功能規格；

　　(三) 應用主題式研發輔導能量；

　　(四) 推動跨業合作，擴展應用領域。

　　三、建立系統解決方案能力：具體措施主要包括：

　　(一) 盤點產業輸出能量，以國內市場為練兵基地；

　　(二) 籌組系統整合聯盟，建立旗艦團隊強化輸出實力；

　　(三) 建立海外標案財務支援機制。

　　四、加速發展新興產業：譬如，下世代影像顯示、3D列印製造、新藥醫材、智慧娛樂、創意生活（如植物工廠結合觀光休閒）、離岸風力、數位內容（含數位學習）、深層海水等。其具體措施主要包括：

　　(一) 鼓勵產學研合作，提升國家創新系統效率；

　　(二) 構築新興產業生態體系（eco-system）；

　　(三) 整合跨部會輔導資源、法規鬆綁，協力促進產業發展。

產業轉型應注意事項

產業轉型應注意事項

提升產品品質及價值

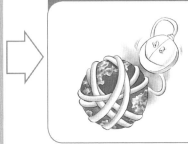

- 發展高值化研發
- 促成上中下游研發聯盟
- 協助整合測試認證
- 建立全球運籌中心

建構完整產業供應鏈體系

- 盤點產業缺口
- 籌組研發聯盟
- 主題式研發
- 推動跨業合作

建立系統解決方案能力

- 以國內市場練兵
- 籌組系統整合聯盟
- 建立財務支援機制

加速發展新興產業

- 3D列印
- 新藥醫材
- 離岸風力
- 數位內容
- 智慧娛樂

Unit **9-3**
產業轉型戰略

一、產業別的轉型戰略

臺灣產業的升級，可以從高科技產業的深化與廣化，以及傳統產業的轉型著手。

(一) 高科技產業轉型：就高科技產業而言，以強化研發或品牌、行銷，延伸企業價值鏈來鞏固利潤，同時增加產品線，或跨入其他科技領域。

(二) 傳統產業轉型：傳統產業轉型方面，可循三個主要途徑，第一是積極投入研發，提升技術，或提高產品附加價值。第二是加強新知識的擴散，使傳統產業能運用網際網路、電子商務，以掌握交易，爭取物流時效。第三是加強產業設計活動，並大力推動品牌及建立行銷網路，以提升產品的附加價值。

二、「微笑曲線（smile curve）」的轉型戰略

在1992年，時任宏碁電腦董事長的施振榮先生，在《再造宏碁：開創、成長與挑戰》一書中，提出了一套「附加價值與產業供應關係」的企業競爭戰略，並稱之為「微笑曲線」。微笑曲線將「產業價值鏈」分成左、中、右三段，分別為「技術與專利」、「組裝與製造」、「品牌與服務」，而曲線代表的是獲利。微笑曲線在中段位置為獲利低位，而在左右兩段位置則為獲利高位，代表了要增加企業的盈利，絕不是持續在組裝、製造位置，而是往左端或右端位置邁進。在「微笑曲線」的精神下，提供以下策略。

(一) 重建產業吸引力：以期能強化產業對資本、人才及研究開發之吸引力，使能再獲具體之成長，並據以提升產業獲利能力，增進產業吸引力，而成為產業發展之良性循環。

(二) 研發以提振比較競爭力：就全球市場層次之供給、需求，及中間產業市場之相對競爭力優劣勢、絕對競爭力優劣勢，進行跨國家、跨地區、跨特定市場、跨類型廠商比較分析研究，並據以引申發展產業特有或專屬競爭條件與作法。

(三) 創新全球布局：從全球產業價值鏈之觀點，聚焦於高附加價值之產銷階段，掌握國際「為需求而需求」與「為供給而需求」之普及策略發展態勢，以「高增值之價值觀」積極取代「大減成本之價值觀」。

(四) 創新需求管理：從市場缺口分析與國際行銷缺口研究，改善產業整體需求管理思維與作法，期能加速促成產業在國際市場上的「價格學習曲線再生」。

(五) 聚焦市場價值：強化個別廠商價值鏈抉擇的技術／產品創新、組合、延伸的能力與能量，取得有利之市場價值地位。

(六) 擴大普及應用：強化產業之向外、向異業的應用、整合與延展，提高產業擴大應用範圍的經濟效益。

(七) 分享策略聯盟：積極推動產業的聯合設計中心、連線生產、發貨倉庫、共同標幟（品管、保證）之策略聯盟類型方案，以強化產業品質、安全、保障、責任與服務能力與能量。

高科技產業轉型

研發、創新

品牌

行銷

增產品線

科技領域跨入其他

傳統產業轉型

傳統產業轉型

→ 積極投入研發

→ 加強創新知識擴散

→ 加強設計、行銷（通路）

微笑曲線的轉型策略

創新需求管理

創新全球布局

研發以提振競爭力

策略聯盟

重建產業吸引力

擴大普及應用

聚焦市場價值

Unit **9-4**
產業轉型需要什麼？

產業轉型策略考量因素眾多，許多策略的考量，彼此是互為因果牽動的。

一、產業轉型需要人才：產業轉型需專業知識，有了專業知識才能開發新產品、新製程，及改善產品功能與製程能力。這些知識需求包括：產品技術的取得、研發能力的提升、人才的取得與能力的培養，以及產業技術相關資訊與諮詢。創新的專業知識，需要靠人才。因為任何新型態的產業，都是靠「人」建立的，尤其是跨界整合及國際商務型的人才，

二、產業轉型需要市場：沒有市場需求的支持，這種轉型是無效的轉型。

一般來說，市場可區分為個別的消費者市場（consumer markets），與組織型的市場（organization markets）。組織型市場又可區分為生產者市場（producer markets）、轉售者市場（reseller markets）、政府市場（government markets）；機構市場（institutional markets）。

三、產業轉型需符合大環境：譬如，隨著環保意識抬頭，先進國家紛紛呼籲，要簽下限制二氧化碳排放量的京都議定書，勢將對產業轉型提供一定的指引。

四、美學、設計及異業結合：美學、設計是轉型的要角，若能再異業結合，如雲端、3D列印技術結合紡織、珠寶等行業，則節省開模成本，開創新商機。

五、產業轉型需技術與創意：技術+創意，能賦予產業新生命，創造許多的「可能」。即使是技術創新的小轉型，也能使產業有所升級。這裡所指的技術創新，主要是指在產品、製程及設備等的創新，直接與組織內基本的工作活動相關。

六、產業轉型需政府協助：

(一) 促進產、官、學、研共同合作：產業技術的提升，必須有效結合各界的力量與資源，因此如何促進產、官、學、研，共同推動各項科技專案，開發具前瞻性、關鍵性和共通性的產業技術，是政府可協助的部分。

(二) 輔導產業將新技術應用在傳統產業：將新技術應用在傳統產業，包含近年最夯的雲端、3D列印技術與低碳生產等，如紡織業、金屬業、機械業及珠寶業等相關產業。為節省開模成本，可引進3D列印技術作為初步模具，現場列印成品，讓買家感受實體魅力，透過技術軟體大幅提升產業設計力與競爭力。

(三) 政府協助產業升級轉型，涵蓋的部分包含租稅優惠、資金融通、技術開發、土地取得、市場拓展、法規鬆綁、人才培育、改善投資環境（如金融、租稅、環保、勞資等）、產業再造基金。參考過去政府協助轉型的措施：1.對高科技產業投資提供租稅減免；2.透過交通銀行提供低利率貸款；3.由政府資助的工研院，將研發的技術「技術轉移」給民間廠商；4.新竹科學園區的設立；5.自由化政策：1988年證券行開放設立，1990年開放新銀行，1992年開放新保險公司設立，1995年電信自由化，2001年石油業自由化。透過競爭機制，促進民間投資，並能有效提升產業生產力。

產業轉型要件

產業轉型要件

→ 人才

→ 市場　→　① 消費者市場

② 組織型市場

→ 符合大環境

→ 美學、設計、異業結合

→ 技術與創新

→ 政府協助　→　① 促進產官學研合作

② 新技術應用在傳統產業

③ 政府協助轉型措施

↓

① 租稅減免

② 低利貸款

③ 技術移轉

④ 建立產業群聚

⑤ 自由化政策

Unit **9-5**
產業轉型案例

一、產業轉型具體案例

(一) 鳳梨酥：種鳳梨的利潤不高，也很辛苦，但轉型成鳳梨酥，則扭轉務農「沒前途」，且帶來龐大商機。鳳梨酥一年可創造大約250億元的產值。前友達總經理陳來助不賣面板，改賣鳳梨酥。臺北市一家小糕餅店靠賣鳳梨酥，短短幾年坐擁25億元金店面。

(二)「燈」：「燈」是家庭、商場裡，不可或缺的東西。若能透過燈泡，作為無線基地臺的中繼站，只要打開手機的藍芽，做簡單的連結動作，瞬間燈泡就成了音響。家裡一顆再普通不過的燈泡，就擁有了喇叭及麥克風的功能，不只可以播放音樂、聽廣播節目，還可以成為大樓或商場的廣播系統，甚至是微型無線基地臺。2014年「會唱歌的燈泡」，已經由我國開發出來。

二、產業轉型具體方向

(一) 金屬機械工業：

1.車輛工業：朝智慧電動車、電動機車、車輛電子等發展。

2.機械設備業：朝高階工具機、高功能控制器、智慧型線性傳動元件、精密機械零組件、半導體製程設備、FPD製程設備、PV製程設備、LED製程設備、智慧型機器人、智慧型自動化產品及設備產業等發展。

3.基本金屬工業：朝高附加價值金屬材料、綠色環保金屬材料等發展。

(二) 金屬機械工業：在民生工業方面，譬如：

1.食品業：朝機能性食品發展。

2.紡織業：朝產業用紡織品、機能性紡織品、時尚設計紡織品等發展。

三、產業轉型要知己

產業轉型須考量產業外部環境與產業內部資源（資源特殊性、資源彈性、移轉能力與綜效），所形成的強勢、弱勢、機會與威脅。透過知己的步驟，再進行最適策略的抉擇。

產業特性變數衡量方式

產業特性變數	衡量方式
生命周期	萌芽、成長、成熟及衰退四個階段
風險性	風險性高或低
獲利性	資產報酬率高或低
資本密集度	資本密集度的高低
競爭性	產業進入障礙的高低

產業轉型策略

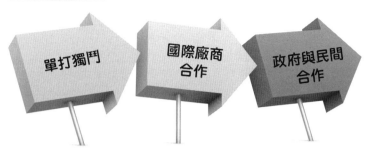

單打獨鬥　國際廠商合作　政府與民間合作

產業轉型案例&考量面向

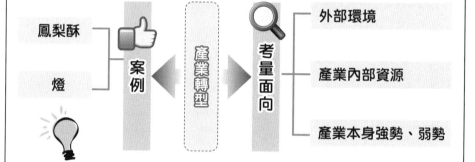

鳳梨酥　燈　案例　產業轉型　考量面向

外部環境

產業內部資源

產業本身強勢、弱勢

產業轉型具體方向

產業轉型具體方向

車輛工業
1. 智慧電動車
2. 電動機車
3. 車輛電子

機械設備
1. 高階工具機
2. 智慧型線性傳動元件
3. 半導體製程設備
4. 智慧型機械人
5. LED製程設備
6. 半導體製程設備

第 **10** 章

產業政策

●●●●●●●●●●●●●●●●●●●●●●●● 章節體系架構 ▼

Unit 10-1　產業政策意義

Unit 10-2　產業政策的理論基礎

Unit 10-3　政府的產業角色

Unit 10-4　政府產業政策的影響力

Unit 10-5　產業政策的工具

Unit 10-6　產業類型與策略

Unit 10-7　產業政策的評量

Unit 10-8　產業損害與救濟制度

Unit 10-9　各國產業政策特色

Unit **10-1** 產業政策意義

　　產業政策涉及投資獎勵、關稅政策、租稅政策及產業再造等相關的政策。國家在產業發展的不同階段，應該要考量當時國內外的主客觀條件，研擬整體產業或個別產業的目標後，制定發展策略，並運用相關政策工具，包括研發補助、租稅減免、金融優惠和基礎建設等政策工具，直接或間接介入產業活動，以促進產業升級。

一、吳思華（1988）

　　(一) 產業政策問題在追求特定之經濟發展，或產業發展目標，並非只解決一個特定的問題。

　　(二) 產業政策並不排除，亦非替代市場機制之運作，其更重視以市場機制以外的方式，來介入產業與經濟的發展。

　　產業政策的制定與執行，不論是影響國家整體產業，或特定產業的發展，皆是提升國家競爭力的重要來源。產業政策執行方式，可透過增加投資、促進資本累積及擴大生產、提升勞動生產力，進而提升產業及國家競爭力。

二、林建山（1991）

　　產業政策是指所有可能會改善經濟供給面的一切措施，任何可以改善經濟成長、生產力和競爭力者均屬之。

三、Chiang L. T.（1993）

　　產業政策是指國家運用一系列的政策工具，來重新分配資源給優先選定的產業，因為正常的市場運作機制無法達成這種分配。

四、經建會（2000）

　　政府運用各種財政、金融和貿易等政策工具，直接或間接介入產業活動，以導引企業發展及結構調整之總稱。

五、Marcus Noland and Howard Pack（2003）

　　政府藉由努力改變部門生產結構，以利加速成長，此成長明顯高於靜態的比較優勢。

六、陳正倉、林惠玲、陳忠榮和莊春發（2003）

　　政府為了達到產業發展的目標，或為了解決產業發展的問題，所採取的干預行為。其目標主要在於促進經濟發展、所得分配的公平，並提升經濟效率、經濟自由、充分就業及環境保護。

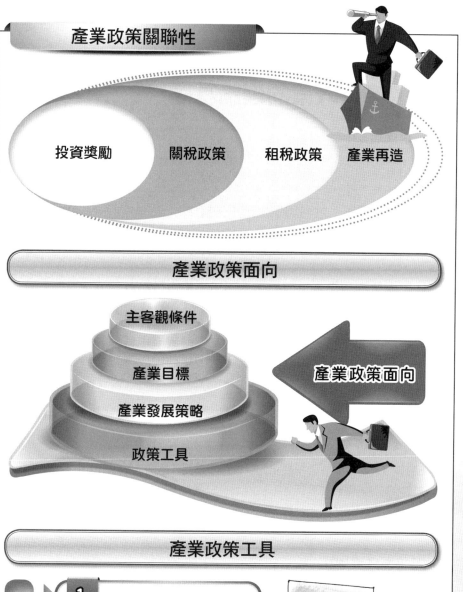

產業政策關聯性

投資獎勵　關稅政策　租稅政策　產業再造

產業政策面向

主客觀條件

產業目標

產業發展策略

政策工具

產業政策面向

產業政策工具

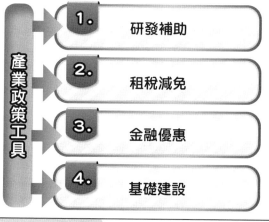

產業政策工具

1. 研發補助

2. 租稅減免

3. 金融優惠

4. 基礎建設

Unit **10-2**
產業政策的理論基礎

一、市場失靈

產業政策的中心課題，主要是針對市場機能失靈。

1. 何種情況下，才可認定是市場失靈？

2. 對於不同種類之市場失靈，需有什麼樣之產業政策？

3. 市場雖常有失靈，但不可否認的，是否其為政策或決策當局之可能錯誤，關於此點應該如何加以判斷？

4. 各種產業政策上之措施，通常伴有財政成本負擔，或產生各種副作用，因此衡量政策上之優點，如各種成本之計算乃是必要的。

二、保護幼稚工業

　　幼稚工業保護，主要是為了保護本國正在發展中的特定產業而採取部分措施，以減輕外國競爭者的威脅。最常使用的手段是，提高外國商品的關稅，或限制配額。此種作法雖能扶持本國產業，但會犧牲消費者的權益。此外，為協助衰退產業重獲市場競爭能力，打開一條生路，從而減輕在資源移轉過程中可能產生之政治、社會與經濟層面之衝擊。對於廠商調節性的協助方式，包括技術協助、金融協助或租稅協助。

三、不平衡成長理論

　　產業結構及產業部門間相互依存，譬如，營建業每增加1元，即可帶動相關產業的發展，創造出3.4元的國內生產毛額。因此，特別是開發中國家資源有限，不可能全面發展各種產業，因此政府可選定幾種策略性產業，其連鎖效果佳之產業，經由政府各種措施之獎勵後，使其投資日益壯大，經由產業間之向前與向後連鎖效用，帶動整個國家經濟發展。

四、鑽營逐利論

　　有些透過市場運作之經濟活動，可能耗費相當之交易成本，例如：詢價、訂約、執行契約及蒐集資訊等成本可能太高，則此種經濟活動，可由政府經營。但近年利益團體之鑽營逐利，利用各種方法尋找政府獎勵與保護，且有擴大趨勢，尤其經濟低迷與投資低落時更是如此，是以許多產業政策，乃在利益團體之關說下，逐漸形成。

產業政策理論與實施

1.認定市場失靈標準

2.不同市場失靈的產業政策

產業政策處理市場失靈

3.決策判斷

4.政策成本

產業政策的理論基礎

保護幼稚工業

不平衡成長論

鑽營逐利論

Unit 10-3
政府的產業角色

　　2012 年1月歐巴馬在國情咨文中，強調將以製造業為重心，要求美國企業將外包海外的工作遷回美國，獎勵在美國國內創造就業的企業。同時主張停止補貼石油業，轉而加倍投資潔淨能源產業。歐巴馬的國情咨文，就是政府的產業角色。

　　一、國家應發展哪一種產業的根據：(一) 資源稟賦：俄林（1933）在赫克歇爾的思想基礎上，論證闡述了資源稟賦論。他指出，各國在土地、勞動力和自然資源等生產要素的稟賦方面上，均存在差異。這種差異是導致各國資源優勢不同的主要原因。政府應扶持資源稟賦高的產業。(二) 比較優勢：大衛‧李嘉圖（1817）在亞當‧史密斯絕對優勢論的基礎上，提出了比較優勢論。政府應扶持具比較優勢高的產業。

　　二、國家介入產業的理由：市場競爭是經濟活動最有效的調控者或管制者，惟市場並非完美，資源可能被不當使用或浪費，故政府需介入。

　　三、亞當‧史密斯的主張：亞當‧史密斯主張小而美的政府，其職能僅限 (一) 維護國家安全的國防（維護國家領土完整、主權獨立、免於遭受外力侵略）；(二) 保障社會治安及維護市場交易秩序的司法；(三) 提供必要的公共建設；(四) 培養人才的教育。

　　四、政府介入：(一) 介入範圍：政府應彌補市場的缺陷和不足，才能進行匡正；(二) 介入目的：政府主要是恢復市場機能，而不是去代替市場；(三) 介入目標：政府介入要達成的目標，主要包括：1. 提高經濟效率；2. 促進社會公平；3. 提高生活品質；4.促進區域均衡發展；(四) 介入結果：必須要比介入前的情況有所改善和好轉，否則就不要介入。按照這一原則，政府在介入前應先評估，以減少副作用，並增加有效性。

　　五、政府經濟功能：保護幼稚產業；提高經濟效率；促進社會公平；糾正市場失靈；區域均衡發展；降低失業率；縮小貧富差距。

　　六、政府經濟工具：政府角色的擴張，主要是第二次世界大戰以後，各主要民主國家的公共支出，包括消費性支出、政府投資及移轉性支付，也迅速增加。(一) 總體經濟工具：政府直接供應、貨幣政策、財政政策、貿易政策、外匯政策、所得政策等。(二) 個體經濟工具：政府管制、反托拉斯政策、公營事業、產業政策、訂定標準、證照申請、課稅、補貼、充當保證人和採購者等。

　　七、政府干預主要方式：許可經濟活動；管制經濟活動；禁止經濟活動；政府直接營運獨占事業；政府參與經濟活動；政府規劃經濟活動。

　　八、政府干預的成本：政府干預的成本，通常十分可觀，這些成本要由誰來承擔？(一) 直接由政府負擔的成本；(二) 由廠商（及家庭單位）直接間接承擔的成本；(三) 第三者所承擔的成本。

國家發展產業的依據

國家發展產業的依據

資源稟賦	比較優勢

範圍 → 市場失靈

政府介入 → 目的 → 恢復市場機能

目標 →
① 提高經濟效率
② 促進社會公平
③ 提高生活品質
④ 促進區域均衡發展

政府經濟功能

保護幼稚產業

提高經濟效率

促進社會公平

糾正市場失靈

均衡區域發展

降低失業率

縮小貧富差距

Unit 10-4
政府產業政策的影響力

一、產業政策案例

(一) 日本汽車產業：日本政府在1950年代，就決定要發展汽車產業。當時決策者深知，若讓美、歐汽車繼續長驅直入，日車將永無出頭之日。於是下令禁止外來汽車進口，好讓日本車廠在政策保護傘下成長。日本於1950-1965年關起門來，讓豐田、本田、日產、三菱、鈴木等車廠競爭，待技術成熟，才開放市場，直至1978年才把關稅降至6.8%，而此時的日車，已足以和美、歐並駕齊驅了。

(二) 太陽能產業：全球太陽能產業自興起迄今，政府這隻看得見的手，影響了供需的機制。隨著歐債風暴的骨牌效應，2010年當時歐洲各國，開始削減政府補貼政策或加稅等，使該產業展開了第一次大洗牌。2012-2013年，伴隨著歐美政府，祭出雙反（反補貼、反傾銷）制裁政策，再次清洗失靈的市場與過剩的產能。2013年日本福島核災，以及中國經濟結構轉型與城鎮化等政策，因而刺激需求快速躍升。那一波政策推動的需求，也使得臺灣太陽能電池片等廠商在2013年第二季起，迎來了業績逐季成長與轉盈的契機。

(三) 美國政府：2014年美國商務部宣布，認定從中國出口，到美國的矽晶體太陽能產品，獲得中國政府超額補貼，補貼幅度為18.56%至35.21%。基於補貼幅度的初裁結果，美國商務部通知美國海關，對中國出口的電池與模組產品，徵收反補貼稅。消息公布後，立即衝擊美股中概太陽能的股價。

二、產業政策功能

(一) 化解市場失靈：產業要能夠有營收獲利，靠的就是市場上的供需來決定，一旦供需平衡被破壞，輕則影響公司營收，重則讓企業破產倒閉，由此可知供給與需求之間，有一定的平衡點。但因研究發展等活動，先天上就具有報酬的高度不確定性，及公共財的非排他性，若完全依賴市場機能運作，常不能使其數量品質與方向，達到符合經濟效率的程度。因此，研發初期產業政策十分重要。

(二) 創造或擴大有效需求：利用政府穩定的採購需求，來降低研究發展活動在初期的不穩定性，以確保產業技術有市場的發展性。

(三) 爭取局部優勢：小國從事科技發展工作，在本質上就受限於人力、資金與市場的限制。為解決先天上的瓶頸，以政策引導集中資源，將可加速產業科技的發展，並爭取局部競爭的優勢。

從2007年生技新藥產業發展條例過關後，臺灣在短短七年內（2014），就有二十多個新藥，進入三期臨床。太景的奈諾沙星抗生素，已率先取得我國衛福部（TFDA）藥證；智擎授權美國Mack藥廠治療胰臟癌臨床試驗，已獲美國FDA通過；基亞用於防止肝癌術後復發；寶齡的治療腎病新藥，也取得日本藥證。由臺大醫院主導全球臨床的新藥，也取得全球第一張肺癌新藥Afatinib（妥復克）藥證。

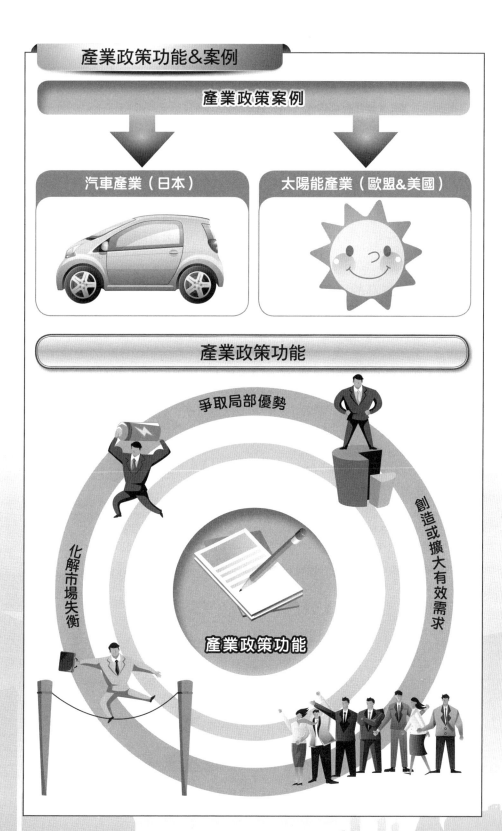

Unit **10-5**
產業政策的工具

一、產業政策重點

　　不同生命周期的產業，政策重點有所不同。在導入期應以協助開拓市場、取得低成本資金及培育研發、管理、行銷人才為重點；在成長期以協助提升先進技術、產品整合能力，並培育國際行銷與研發人才為主；成熟期配合租稅及獎勵措施，以進行產業結構調整，此時可鼓勵合併，以解決規模不足之問題；衰退期則以協助降低成本、研發次世代產品為主。

二、產業政策工具的種類

　　(一) 蔡敦浩、吳思華（1988）：物價管制、匯率操作、外匯管制、關稅、進口配額、出口配額、非關稅措施、自製率、外銷比率、外資比率、加工區、科學園區、外銷融資、外銷保險、公民合資、R&D合約、政府採購、課稅遞減、加速折舊、優惠低利貸款、貸款保證、津貼或贈款、技術標準、人口培育、出口核章、聯合報價、聯合促銷推廣、設廠限制、產品測試設備提供、生產合理化協助、建立從業人員標準、影響勞資協議過程、協助引進必要技術、提供必要技術、智財權之設計、提供資訊服務、聯合採購、對產品使用者輔導、投資設備。

　　(二) 孫克難（1998）：

　　1.選擇性：(1) 租稅減免；(2) 信用保證與低利貸款；(3) 補助金；(4) 政府採購；(5) 關稅保護；(6) 科技專案計畫。

　　2.一般性：(1) 強化教育與基礎研究；(2) 健全金融市場和租稅制；(3) 加強智慧財產權保障；(4) 落實環境保護；(5) 提供公共建設；(6) 提升政府效能。

　　(三) 林建山（1991）：

　　1.國有化。

　　2.租稅減免、低利融資或直接獎助、補貼。

　　3.打擊或限制國外競爭者之進口。

　　4.予以大部分融資。

　　(四) 段承璞等（1992）：

　　1. 鼓勵投資：以租稅減免為誘因。

　　2. 保護本地市場：對於鼓勵的產業，設定進口管制、保護性關稅、設廠限制，或限定自製率（採購本地零件）等。

　　3. 促進和鼓勵出口：包括匯價補貼、出口退稅、外銷低利貸款等。

　　(五) 丁錫鏞（2003）：供給面：補助、融資、風險性資金、人才培育、訓練、技術輔導等、公營生產事業和公設研究機構資訊提供；需求面：契約研究、政府採購、訂定技術標準和貿易代理；環境面：有關科技發展之基礎建設、租稅優惠、專利及智慧財產權、獎賞、金融措施、反托拉斯、技術管制政策和貿易管制政策等。

產業政策工具種類

產業政策工具種類

段承璞等
1. 鼓勵投資
2. 保護本地市場
3. 促進和鼓勵出口

林建山
1. 國有化
2. 租稅減免
3. 限制國外競爭者
4. 融資

孫克難

一般性
1. 強化教育與基礎研究
2. 健全金融市場及租稅制度
3. 加強智財權
4. 落實環保
5. 公共建設
6. 提升政府效能

選擇性
1. 租稅減免
2. 低利貸款
3. 補助金
4. 政府採購
5. 關稅保護
6. 科技專業計畫

Unit 10-6
產業類型與策略

一、產業類型

產業類型可分為主力、中堅和潛力產業等三種產業。

二、產業扮演的功能

(一) 主力產業：主力產業含半導體產業、平面顯示器產業、石化工業、鋼鐵及基本金屬業、流通服務業及金融服務業等六項。

(二) 中堅產業：中堅產業主要是作為策略性調整產業結構，均衡製造業與服務業發展。中堅產業包含精密機械產業、寬頻服務產業、醫療保健產業、數位內容產業、觀光休閒產業與教育服務產業等六項。

(三) 潛力產業：潛力產業的發展，主要在於符合趨勢，能成為新經濟，成長動力的機會，且能協助均衡經濟、環境與社會發展。但由於潛力產業處於萌芽期，風險高於中堅產業與主力產業，加上主流技術與標準尚未成形，需要投資較多的資源、長期觀測標準或技術的發展，以及對應產品研發。目前被看好的潛力產業，包含數位新都、國土安全、新綠能源、跨界服務、未來醫療服務、先進材料、奈米應用及智慧型住宅等八項。

三、產業進入障礙

產業進入障礙的定義為「所有自由進入市場的可能性皆受限制，並使得既存廠商取得優勢」。產業進入障礙形成的原因，主要有三：

(一)「產品差異化優勢」（product differentiation advantage）：所有產品差異化所造成的市場進入障礙，皆是源於不同廠商產品彼此間的不完全替代性，而使得大多數的既存廠商得以在售價上，對潛在競爭者享有優勢。

(二)「規模經濟」（economics of scale）：規模經濟有助於產業的國際化。尤其當生產具有規模經濟時，各國將有限的資源，集中在某些特定商品的生產上，就能發揮生產上的優勢，進而促使國與國之間進行貿易而相互獲利。

1.「外部規模經濟」將導致「同質產品的產業內貿易」。

2.「內部規模經濟」將導致「差異化產品的產業內貿易」。

(三)「絕對成本優勢」（absolute cost advantage）：

1.控制優越的生產技術，如專利或營業祕密。

2.對於自然資源為排他性的享有。

3.部分廠商沒有能力取得必要的生產要素，而使得這些生產要素為其他廠商所利用。

4.某些廠商較其他廠商不易取得流動性資金（liquid funds）等。

產業類型＆進入障礙

產業類型

主力產業

中堅產業

潛力產業

1. 符合趨勢
2. 帶動成長
3. 均衡經濟、環境、社會發展

產業進入障礙

產業進入障礙

產品差異化優勢

規模經濟

內部規模經濟

外部規模經濟

絕對成本優勢

1. 生產技術
2. 自然資源具排他性
3. 生產要素
4. 資金

Unit **10-7**
產業政策的評量

經過2008年金融海嘯洗禮後，許多國家紛紛提出不同的產業政策，以因應不景氣的挑戰，如針對降低失業率、刺激經濟成長和調整產業結構等相關的政策。

一、產業政策成功要素：成功的產業政策，主要有三個要素：

(一) 產業政策與該國經濟的相對優勢越一致，越可能成功。

(二) 產業政策成功應是順水推舟，而非強勢主導。

(三) 產業政策在政府有興趣和能力可勝任的領域，最為有效。

二、評估產業政策的指標：評估產業政策是否有效的方法，一般有三種：

(一) 檢視不同產業的生產力變化，藉此瞭解受到政策支持的產業，是否更具有國際市場競爭力。因此，國際市場占有率是重要指標。多數研究顯示，政策保護措施與產業成長呈負向關係。

(二) 針對不同國家進行跨國性的比較。

(三) 評估接受政策協助的特定產業，相關研究顯示，保護特定產業雖能提升經濟成長，卻可能導致福利淨損失（net welfare losses）。

三、產業政策效果不易衡量：產業政策對產業表現的效果，並不容易衡量。主要原因有三：

(一) 產業政策常與其他政策（如：財稅或貿易政策），或更全面性的發展政策交互作用，效果很難分割。

(二) 產業表現的成敗，可能因評量時點或角度而相異，如南韓的大宇，曾是世界汽車界的明星，但因舉債過度，在亞洲金融風暴時徹底破產。

(三) 政策的效果可能有時間落差，且有延續性，未必可以作清楚的斷代。此外，各產業受國際環境的影響程度各異，不同時代也各不相同，政策空間隨之有別。

四、產業政策應注意事項：

(一) 政府在一個區域中，到底要扶植什麼樣的產業，則必須端賴其瞭解該區域，具有何種競爭優勢（特色與條件），在全球市場中的位置，才能適當的投入政府資源，提升產業的發展。

(二) 政府勿以人為手段，來強行「創造」不具備相對優勢的產業。以我國為例，過去有些接受補貼優惠所扶植的高產值產業，其利潤來自於成本降低（cost-down），而非高附加價值（value-up）。這種扶植辦法，對我國產業的升級、品牌的發展，都沒有長遠的助益。

(三) 落實產學合作的效能：學術界投入資源不少，尤其是基礎研究的經費逐年增加。反之，經濟部、工研院的經費，則持續下降。政府若能強化臺灣產學合作，將有助於產業升級。

產業政策成功要素&評估指標

成功產業政策要素

符合國家優勢	順水推舟	政府

- 興趣
- 能力
- 可勝任範圍

評估產業政策指標

1.國際市場占有率

2.跨國比較

3.特定產業的變化

產業政策效果難衡量原因

產業政策效果難衡量原因

1.與其他政策效果難分割

3.效果有時間落差

2.評估時間點不易

Unit **10-8**
產業損害與救濟制度

　　在全球高度整合的時代，開放與自由化的趨勢，固然有助於國家間利益的協調與成長，但對於若干產業，也可能造成傷害！如果真的遭到外來產學的衝擊，該如何處理與應變？

一、啟動防衛條款（Agreement on Safeguard）

　　只要是從國外大量進口、造成對國內產業衝擊，或以傾銷、補貼等不公平貿易方式，對進口國產業造成傷害，就可以採取救濟的措施。根據1994年2月5日公布的貿易法，其中第18條：「貨品因輸入增加，致國內生產相同或直接競爭產品之產業，遭受嚴重損害或有嚴重損害之虞者，有關主管機關、該產業或其所屬公會或相關團體，得向主管機關申請產業受害之調查及進口救濟。經濟部為受理受害產業之調查，應組織貿易調查委員會，其組織規程由經濟部另訂之。」第19條：「外國以補貼或傾銷方式輸出貨品至我國，對我國競爭產品造成實質損害、有實質損害之虞或對其產業之建立有實質阻礙，經經濟部調查損害成立者，財政部得依法課徵平衡稅或反傾銷稅。」

二、重視產業損害指標

　　如何判斷與考量產業的損害？損害認定須綜合考量，它涵蓋：(一) 生產量；(二) 生產力；(三) 產能利用率；(四) 存貨量；(五) 市場占有率；(六) 出口量；(七) 工資及就業情形；(八) 國內價格；(九) 利潤及投資情形；(十) 其他相關經濟因素。

三、衡量產業損害方法

　　評估進口貨物對產業的損害程度，主要有兩種方法：一種是階段法，另一種是假設法。

　　(一) 階段法（Bifurcated Approach）：階段法是先確認進口貨物，是否對國內產業造成重大傷害，而後再進一步檢驗，該產業損害與進口貨物間，因果關係是否存在。有關損害確認的部分，通常利用重要相關產銷指標變化，來檢驗國內產業絕對或相對狀況。這些指標涵蓋：生產量、產能或產能利用率、銷貨量、存貨、就業、工資、資本支出、研究發展支出、資產價值及資產報酬率等。其目的是利用這些指標，來綜合判斷國內產業目前的真實狀況。在調查產業重大傷害時，常用的是：簡單推論法、趨勢分析法及比較分析法。

　　(二) 假設法（「But for」Approach）：該法直接比較「不公平進口貨物存在」與「假設其不存在」等兩種情形，如果差異確實很大，那麼產業損害便成立。這種方法需要充分而完整的資料，資料必須包括：不公平進口貨物、公平進口貨物、同類貨物的供需與需求彈性，甚或這三種貨物相互間價格交叉彈性等資料。

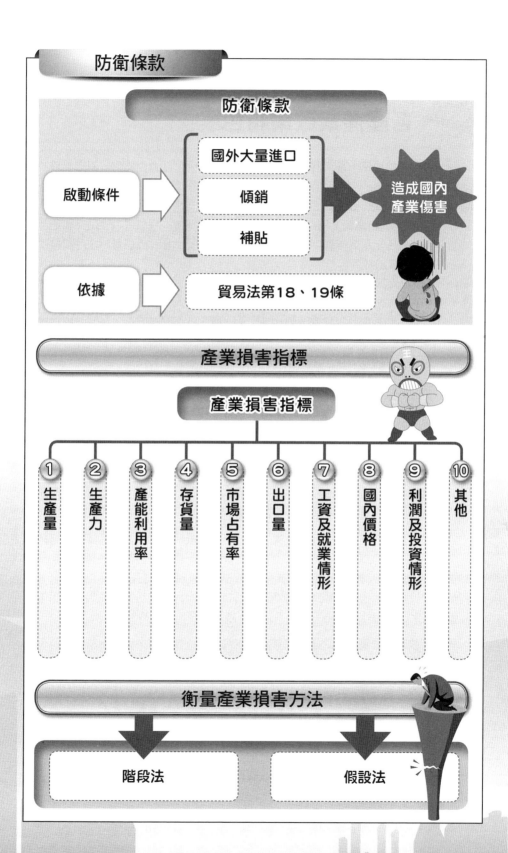

Unit **10-9**
各國產業政策特色

　　一、臺灣產業政策：臺灣近年來的產業政策，主要是努力在維持一個市場機制，使得新公司（start-up）會源源不斷的出現，以帶動經濟發展與技術進步，並不特別鼓勵某特定公司。政府2010年5月12日開始實施「產業創新條例」，進而於2011年5月9日依據「產業創新條例」第4條規定頒布產業發展綱領，將以追求「提升國際經貿地位」、「轉型多元產業結構」、「促進區域均衡發展」等三大願景。在此願景下，未來十年調整產業結構的目標，如下：

　　(一) 農業：朝「衛生安全的健康農業」、「科技領先的卓越農業」及「安適休閒的樂活農業」等方向發展。

　　(二) 工業：將朝向「全球資源整合者」、「產業技術領導者」，以及「軟性經濟創意者」發展。

　　(三) 服務業：將朝「健全產業化環境」、「提升科技化與國際化能力」、「促進創新創意與美學文化加值」等方向發展。

　　二、美國產業政策：美國無明確的產業政策，政府亦僅扮演輔助角色，政策重點並非針對特定產業，而以建立正常競爭的市場環境為核心，並透過研發創新及布建基礎建設引導產業轉型。

　　三、歐盟產業政策：歐盟各國的產業政策發展，仍奠基在各國的優勢產業之上，個別成員國發展本身具優勢的產業，透過政策、科技創新等鞏固產業基礎，進而開拓具備競爭力的新興產業，為國家的競爭力奠基。

　　四、日本產業政策：日本經濟產業省在二次大戰後，一直是日本經濟復甦奇蹟背後的功臣，而日本的產業政策，在兩次石油危機期間，也證明獲得了顯著的成功。但自1990年代以來，近20年的經濟停滯，人民已失去自信。目前日本的產業策略，選擇利基性、技術世代延續性較長、需求彈性低的產業；以調整法令環境為主要策略，並且廣泛利用市場創投資金為主，並不強調持續用政府預算支持。

　　五、南韓產業政策：為加速產業發展，南韓政府長期扶植，大企業集團主導生產體系為主要策略，南韓前十大企業集團約占總出口之80%以上。

　　六、中國產業政策：中國「十二五（2011-2015年）規劃」，主要目標包括：擴大內需、鞏固農業基礎，提升製造業核心競爭力、發展戰略性新興產業、加速發展服務業等。

　　七、新加坡產業政策：新加坡持續鼓勵製造業，發展高附加價值之產業活動，以提高製造業占GDP的比重。此外，新加坡鼓勵外國投資，使世界第一流的跨國公司在新加坡投資或設立據點，以利用其技術及資金，帶動新加坡經濟成長。

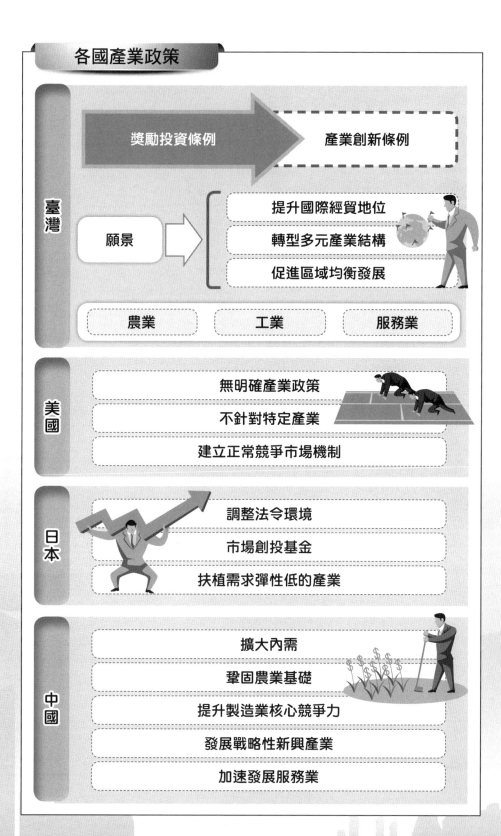

各國產業政策

臺灣

獎勵投資條例 ➡ 產業創新條例

願景 ➡
- 提升國際經貿地位
- 轉型多元產業結構
- 促進區域均衡發展

農業　　工業　　服務業

美國

- 無明確產業政策
- 不針對特定產業
- 建立正常競爭市場機制

日本

- 調整法令環境
- 市場創投基金
- 扶植需求彈性低的產業

中國

- 擴大內需
- 鞏固農業基礎
- 提升製造業核心競爭力
- 發展戰略性新興產業
- 加速發展服務業

203

第 **4** 篇

產業實務

第11章　傳統產業

第12章　高科技產業

就傳統產業的產品生命周期而言，因為其產品的壽命較長，所以對生產時需求的資源變化性不大；而對產品生命周期較短的高科技產業而言，產品變化速度快，設備及材料變異太大，生命周期只能大略的劃分，真正的界限很難去劃分出來。

第 **11** 章
傳統產業

● 章節體系架構 ▼

Unit 11-1　機械產業

Unit 11-2　機械產業設備發展

Unit 11-3　汽車產業

Unit 11-4　紡織產業

Unit 11-5　鋼鐵產業

Unit 11-6　石油化學產業

Unit 11-7　醫藥產業

Unit 11-8　觀光產業

Unit **11-1**
機械產業

　　機械業素有「工業之母」之稱，其與下游產業間的互動關係密切，而機械產品的品質，對產業競爭力影響甚鉅。但是當全球經濟成長力道疲弱時，對於設備投資的需求就不振，因此，產業設備發展與景氣及運用密切相關。

一、機械產業（engineering industry）的類別

　　機械產業是國家發展重要的指標，因為它攸關其他產業的發展。機械產業包括一般機械、電氣機械、運輸工具、精密機械和金屬製品等五大類。

　　(一) 一般機械：例如：紡織機械、化工機械、工具機、產業機械、整廠設備、原動機、流動機械、冷凍空調設備、空氣壓縮機、機械元件等。同時，亦包括一般家用或辦公用的非電氣機械，如縫紉機及打字機等。

　　(二) 電氣機械：主要指用於電力生產及輸配電用的設備，如資訊與通訊產品、家電產品、電子產品、發電機、馬達、變壓器及電路開關等。

　　(三) 運輸工具：包括汽車、機車、自行車、火車、船舶、飛機等，以及其他相關附件。

　　(四) 精密機械：包括照相機、望遠鏡、醫療設備、鐘錶、光學儀器、檢驗測試設備等。

　　(五) 金屬製品。

二、機械產業的特性

　　(一) 與其他產業的關聯度高：1.用品產業；2.運輸工具產業；3.科技產業。

　　(二) 工業程序複雜：1.上游原料的提供；2.組裝成完成品。

　　(三) 產業融合度高：1.涉及電子、光電等產業；2.產業間互相整合，使科技日漸發達。

　　(四) 資本密集度高，形成進入障礙。

　　(五) 技術密集度高。

　　(六) 投資回收較慢（機械產業投資需要大量資金，產品製造上又較費時，因而導致投資回收較慢）。

　　(七) 高度依賴專業人才。

　　(八) 產品生命周期漸趨縮短。

　　(九) 具有垂直及水平體系關係。

　　1.機械業必須融合上游原料到下游自動化系統（垂直整合）。

　　2.一般機械、電氣機械、精密機械之間，也須互通有無（水平整合）。

　　(十) 工業化程度發展的指標。

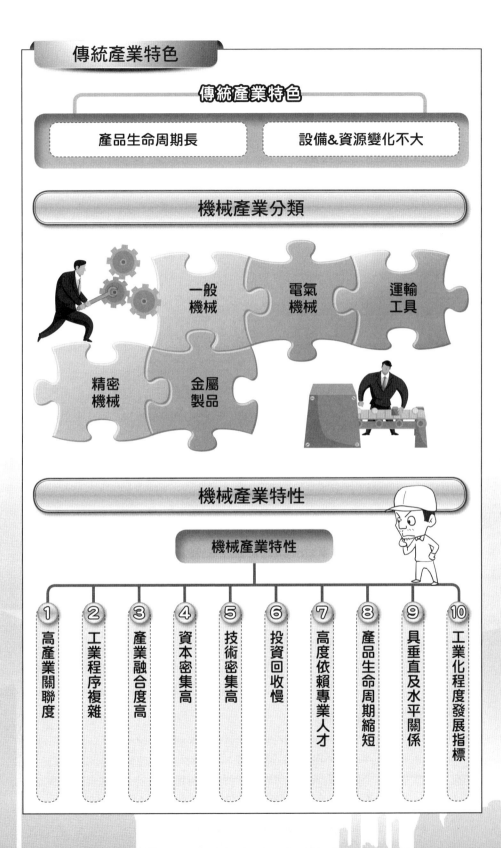

傳統產業特色

傳統產業特色

| 產品生命周期長 | 設備&資源變化不大 |

機械產業分類

一般機械　電氣機械　運輸工具

精密機械　金屬製品

機械產業特性

機械產業特性

1. 高產業關聯度
2. 工業程序複雜
3. 產業融合度高
4. 資本密集高
5. 技術密集高
6. 投資回收慢
7. 高度依賴專業人才
8. 產品生命周期縮短
9. 具垂直及水平關係
10. 工業化程度發展指標

Unit **11-2**
機械產業設備發展

一、精密工具機未來的發展

工具機未來發展的幾個方向：

(一) 省空間化；

(二) 省能源化；

(三) 技術精密化；

(四) 統一規格化、標準化；

(五) 無人操作化；

(六) 高精度；

(七) 高加工效率。

二、半導體設備發展

半導體產業要維持競爭力，設備產業的同步成長是相當關鍵的因素。因此半導體產業競爭相當激烈，尤其是摩爾定律的驅動下，製程不斷更新，因此設備更新速度也必須加快。但目前半導體的設備，卻須仰賴美國供應，導致不能夠降低成本、提高利潤以及增加競爭力。

半導體設備未來策略是：

(一) 擴大晶圓尺寸；

(二) 自製半導體加工設備。

210

三、微機電系統（MEMS）的發展

現在的科技已經把微電子成功的帶入我們的生活中，同樣地，機械技術也能縮小，這是21世紀重要的一個產業。微機電系統技術，它有以下幾個優點：

(一) 機械結構結合電子線路。

(二) 可批量製造，讓產品品質差異度相同。

(三) 高精密度的品質。

四、奈米加工未來的發展

奈米科技是結合多個領域的一個科技，包括物理、化學、材料科學、光學、電子學、生物學等。奈米是一米十億分之一的長度，也大約是一條頭髮直徑的萬分之一。當達到奈米大小時，不導電的陶瓷，可能會變得可以導電，這是由於物質結構縮小所造成的。所以未來發展趨勢，就是找到新的材料性質，進行研發及創新的發展。

工具機未來發展方向

① 省空間化

② 省能源化

③ 技術精密化

④ 統一規格化

⑤ 無人化

⑥ 高精度

⑦ 高加工效率

半導體設備未來策略

半導體設備未來策略

擴大晶圓尺寸	自製半導體加工設備

微機電系統技術優點

微機電系統技術優點

機械結構結合
電子線路

產品品質
差異度相同

高精密度的
品質

Unit 11-3
汽車產業

汽車產業的相關產業範圍,與電子、機械、鋼鐵、塑膠、玻璃等,都有密切的關係。所以,汽車產業被視為「火車頭工業」。

一、**汽車產業的特性**:汽車產業上、中、下游需緊密結合,形成中心車廠與協力車廠的供應鏈體系。汽車產業的特性,主要包括下列五點:

(一) 產業進入障礙高;

(二) 規模經濟;

(三) 長期投資;

(四) 精密度需求高;

(五) 高資本、高技術密集的產業。

二、**汽車工業結構**:汽車產業包括了兩項,一是汽車本身,一是零組件製造商。汽車零組件又可分為:直接供應整車製造廠組裝成車的原廠製造(original engineering manufacturing,OEM)零組件,與供應全球汽車售後市場(after market,AM)零組件。

三、**臺灣汽車工業結構特色**:臺灣汽車工業及其零組件工業,構成一個典型的中衛體系,中心車廠將零組件外包給第一階(Tier1)衛星廠,Tier1衛星廠再將細部零組件轉包給Tier2、Tier3廠商,形成多層次的金字塔型分工結構。

四、**汽車製造程序**:汽車的製造工廠,必須要有下列十一種相關製造單位的配合:(一) 鑄造工廠;(二) 鍛造工廠;(三) 熱處理工廠;(四) 機械加工工廠;(五) 模具夾具工廠;(六) 引擎裝配工廠;(七) 壓造工廠;(八)車身工廠;(九) 油漆工廠;(十) 車輛裝配工廠;(十一) 試車跑道、整備、檢驗等工廠或生產單位。

五、**汽車產業發展趨勢**:(一) 安全;(二) 便利;(三) 節能;(四) 舒適。譬如,以安全來說,就涉及先進輔助安全氣囊、盲點警示系統、胎壓偵測器、車道偏離警示系統、車用防盜警報系統、夜視系統。

六、**汽車產業發展趨勢**:影響汽車銷售的主要因素:(一) 政治;(二) 經濟成長;(三) 油價波動;(四) 股市;(五) 房地產。

七、**汽車產業發展戰略**:

(一) 加強自行設計研發能力:1.設計出消費者滿意的產品,才能維持汽車業的競爭力;2.環保意識抬頭,低汙染的汽車是未來的發展方向。

(二) 開發新車款滿足市場多變需求:1.外觀多樣化、選擇款式多;2.以創意為源頭來開發新車;3.利用電子商務的銷售途徑,強化網路上的行銷,建立起產業之間的競爭優勢;4.與國際大廠合作,以強化競爭力;5.架構完整的售後服務網;6.強化經銷商的服務品質與行銷能力;7.發展環保電動車以順應未來需求趨勢;8.同業廠商應彼此合作,以提高產業整合度。

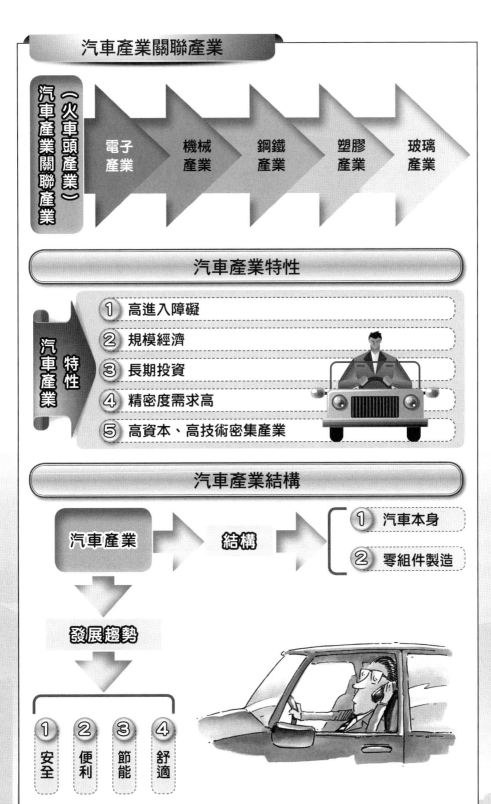

汽車產業關聯產業

汽車產業關聯產業（火車頭產業）

電子產業 → 機械產業 → 鋼鐵產業 → 塑膠產業 → 玻璃產業

汽車產業特性

汽車產業 特性

1 高進入障礙
2 規模經濟
3 長期投資
4 精密度需求高
5 高資本、高技術密集產業

汽車產業結構

汽車產業 → 結構 →
1 汽車本身
2 零組件製造

發展趨勢

1 安全　2 便利　3 節能　4 舒適

Unit **11-4**
紡織產業

一、紡織產業的特色

紡織產業的特色，主要有三：(一)成本取向；(二)勞力密集產業；(三)關稅影響獲利甚鉅。

二、紡織產業結構

紡織產業鏈從最上游的石化原料及天然原料開始，經過加工處理成絲，到中游的紡紗、織布、染整，最後在下游製成成衣銷售。所以整個紡織產業，涵蓋紡織纖維製造、紡紗、織布、染整、紡織製成品及成衣服飾。

> 紡紗→織布→染整→設計→成衣→銷售

三、紡織產業上、中、下游簡介

(一) 上游：纖維。1.天然纖維（棉、毛、絲和麻）；2.人造纖維（聚酯、尼龍、嫘縈、壓克力等加工絲及玻璃纖維）。

(二) 中游：1.紡紗業：棉紗、毛紗、人纖紗、各類混紡紗及各類加工絲；2.織布業：梭織布、針織布、不織布及特種布；3.染整業：印花布、染色布及特種布（磨毛、刷毛、搖粒、植絨、壓花、塗層及貼合）；4.紡織製成品製造業：(1) 產業用──工業用、交通用、醫療用、地工用、包裝用、防護用及環保用；(2) 家飾用──寢飾、家具用覆材（桌巾、沙發用布等）、遮飾（窗簾和地毯）及毛巾。

(三) 下游：成衣及服飾品。成衣（針織成衣、梭織成衣及毛衣）；服飾品（襪子、帽子、領帶及圍巾等）。

四、臺灣紡織產業的特性

(一) 擁有完整的產業結構、原料供給充足：1.目前擁有完整的周圍體系；2.上游原料供給充足；3.先進加工技術、經濟規模與品質具競爭力；4.「麻雀雖小，五臟俱全」的完整體系。

(二) 產業群聚效益明顯：1.相關上、中、下游產業群聚明顯；2.產業規模差異性大；3.上游產值較下游大。

(三) 勞力成本優勢漸漸消失。

(四) 廠商（染整業）外移成為未來隱憂，使產業結構發生改變。

五、紡織產業未來發展戰略

臺灣飽受中國以及韓國的威脅之下，紡織產業未來發展戰略主軸：(一) 創造產品新價值；(二) 強化創新研發；(三) 創造產品附加價值；(四) 發展產品自有品牌與提升品質；(五) 提供多樣化、差異化的產品服務；(六) 掌握全球化市場、提升國際形象；(七) 與關聯產業進行整合；(八) 利用網路行銷推廣相關服務。

紡織產業特色&結構

紡織產業 → 特色 →
- ① 成本取向
- ② 勞力密集產業
- ③ 關稅影響獲利

紡紗　織布　染整　設計　成衣　銷售

結構

上游 →
- ① 天然纖維
- ② 人造纖維

中游 →
- ① 紡紗業
- ② 織布業
- ③ 染整業
- ④ 紡織製成品 ── 產業用 / 家飾用

下游 →
- ① 成衣
- ② 服飾品

我國紡織產業特性

我國紡織產業特性
1. 擁有完整產業結構
2. 產業群聚效益明顯
3. 勞動成本優勢漸失
4. 染整業外移成隱憂

Unit **11-5**
鋼鐵產業

　　鋼鐵產業是資本與技術密集工業的成熟型產業，也是金屬製品、機械、汽機車、家電、造船、資訊電子等產業的主要上游原料。所以常被當作是衡量國力強弱的指標，因此各國都積極發展鋼鐵業。

　　一、鋼鐵產業特色：鋼鐵產業的主要特色，有八大特點：(一) 技術密集產業；(二) 資本密集產業；(三) 能源密集度高；(四) 建廠時間長；(五) 生產彈性小；(六) 投資回收慢；(七) 能源消耗高；(八) 所需要的土地大等。

　　二、鋼鐵產業特色說明：

　　(一) 鋼鐵產業為基礎工業：有「重工業之母」稱號的鋼鐵業，主要的原因，在於鋼鐵產業對於其他產業之間，有非常密切的關係，因為其產品對各工業（國防工業、機械業、建築業、汽車業、造船業）的發展，皆為不能缺少的基礎。

　　(二) 能源密集產業需耗費大量能源：以目前煉鋼的方法，要生產出一公噸需要消耗熱能6,500,000-8,000,000 千卡，代表鋼鐵業需要耗費大量的能源。

　　(三) 高投資回收時間長的產業：鋼鐵產業被視為高投資、低報酬的產業。原因在於鋼鐵工業的資本支出大、勞工需求高，回收成本時間相當長。

　　(四) 與其他產業關聯度高：必須仰賴工礦、機械、電機、土木、耐火材料、運輸與資訊等工業的綜合支援。

　　三、鋼鐵產業生產方式：目前鋼鐵工業在煉鋼方面，有兩種主要生產模式：
(一) 電爐煉鋼法：以廢鋼為煉鋼的原料。
(二) 高爐煉鋼法：是直接由鐵礦砂經由煉鐵、煉鋼得到所需鋼品。

　　四、鋼鐵產業分類方式：鋼鐵產業以營運方式區分，大致可分為三大類：
(一) 一貫作業煉鋼廠（煉鐵、煉鋼及軋鋼）。
(二) 電爐煉鋼廠（煉鋼及軋鋼）。
(三) 單軋廠（軋鋼）。

　　五、鋼鐵產業威脅：我國鋼鐵產業發展的威脅有：(一) 供需失調；(二) 海外低價競爭，衝擊鋼鐵業；(三) 下游廠商發展面臨困境；(四) 溫室效應等環保議題，阻礙鋼鐵業發展空間；(五) 反傾銷控訴，影響外銷量成長幅度。

　　六、鋼鐵產業的因應戰略：
(一) 藉由政府資源輔助產業升級。
(二) 擴大國內同業間的整合，以強化競爭能力。
(三) 重視環保、維護生態環境，改善汙染影響。
(四) 吸收經營管理人才。
(五) 積極爭取公平競爭的產業環境。

鋼鐵產業特色&生產方式

鋼鐵產業 ➡ 特色 ➡

① 技術密集產業
② 資本密集產業
③ 能源密集產業
④ 建廠時間長
⑤ 生產彈性小
⑥ 投資回收慢
⑦ 能源消耗高
⑧ 土地面積廣

⬇

生產方式

⬇

① 高爐煉鋼法
② 電爐煉鋼法

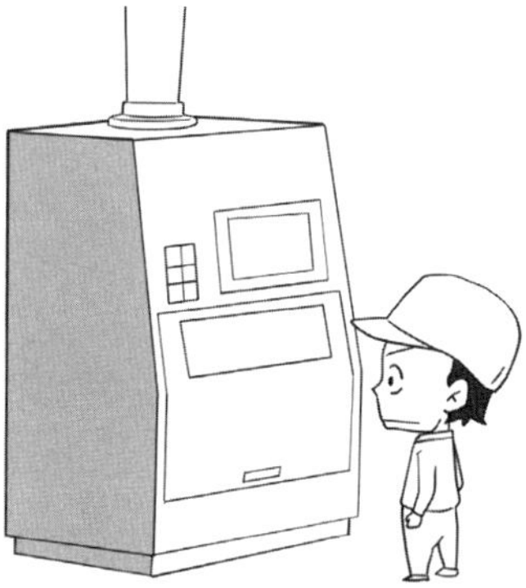

鋼鐵產業威脅

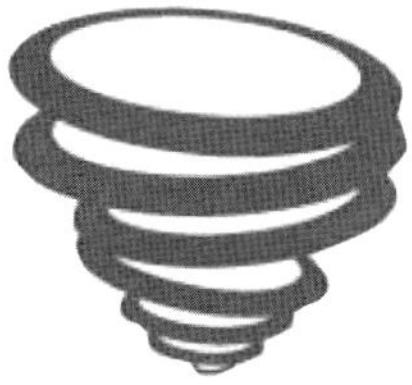

供需失調
海外低價競爭
下游廠商困境
溫室效應
反傾銷控訴

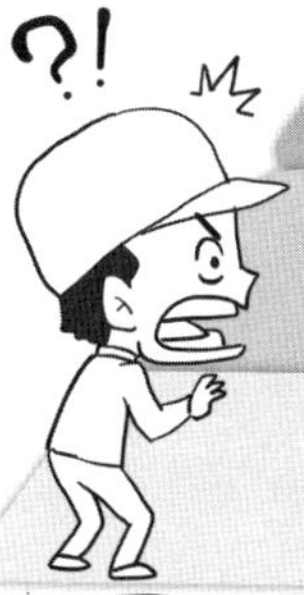

Unit **11-6**
石油化學產業

一、石化產業影響的範圍

　　(一) 食：1.提高農產品、畜產品的生產效率；2.化學肥料及農業化學產品會讓稻米增加產量；3.肥料中加入氨基酸含量，會使家畜快速成長。

　　(二) 衣：1.低成本、高效率產生的大量合成纖維，造就便宜的衣物；2.合成纖維已能加工製成各類紡織品。

　　(三) 住：壁面、牆板、油漆，以及家具等，都少不了石化產品。

　　(四) 行：輪胎是日常生活中不可或缺的用品，輪胎所使用的橡膠之中，合成橡膠成本遠比天然橡膠便宜。

　　(五) 育樂：娛樂設備、醫療藥品、清潔劑及化妝品等，都是石化業的應用。

二、高產業關聯度

　　石化相關產業自1950年代開始發展，迄今雖不過短短69年，但其產品應用，卻已遍及人們生活各層面。

　　(一) 工業用零組件：電子、資訊、家電用品，汽、機車零組件及塑膠外殼，包括影印機塑膠外殼、電腦塑膠外殼及內部的零組件等。

　　(二) 皮、板、管、材：包含塑膠布、片、板、管等。

　　(三) 塑膠皮製品業：包含塑膠外衣、雨衣、衣櫥、公事包等。

　　(四) 日用品：塑膠杯、塑膠盆、塑膠盒、包裝袋、保鮮膜等。

三、我國石化產業的問題

　　(一) 產業完整性受到衝擊與瓦解：由於勞工成本提高，勞力密集的下游，把工廠移到勞工較廉價的國家，如越南。

　　(二) 投資成本高，形成進入障礙：1.石化產業所需占地廣大，投資成本極高；2.原料無法自給自足。

　　(三) 環境汙染議題，造成產業發展阻力；

　　(四) 缺乏研發能力與關鍵技術不易取得：1.缺乏自主性研發能力；2.開發技術能力較為薄弱；3.國外關鍵技術出售意願不高。

　　(五) 中國廉價勞工市場的威脅：1.投資者紛紛搶奪中國廉價勞工市場，使臺灣備受挑戰。2.中國產能足以取代進口，甚至能夠外銷。

四、我國石化產業未來發展策略

　　(一) 確定產業政策方向；(二) 整合產業內部上、中、下游的關係；(三) 研發創新以提振競爭力，並彌補資源的限制；(四) 尋找新的原料來源；(五) 開發中國廣大的市場商機；(六) 研發環保新產品，以搶占新商機市場。

石化產業影響的範圍

石化產業影響的範圍

食
1 提高農產品生產效率
2 增加稻米產量
3 家畜快速成長

衣
1 降低衣物成本
2 合成纖維廣泛運用

住
1 家具
2 油漆
3 牆板

高產業關聯度

日用品　　塑膠製品　　工業用零組件

我國石化產業的問題

我國石化產業的問題

產業完整性受到衝擊

投資成本高

環境汙染與威脅

缺乏研發能力與關鍵技術

中國廉價勞工威脅

219

Unit 11-7
醫藥產業

　　醫藥產業是近百年興起的工業，用於治療人類疾病，與國民的生命健康息息相關，所以格外受到各國政府的重視。這主要是因為人類的生、老、病、死，其中任何一部分都涉及醫藥與醫療，屬於人類的最基本需求。事實上，醫藥產業不僅影響個人的健康，其實更攸關一個國家或民族的生存與發展。

一、醫藥開發階段

　　由於人命關天，所以醫藥開發階段較為謹慎，常見的開發階段為：

(一) 藥物發現（drug discovery）。

(二) 前臨床試驗（preclinical trials）。

(三) 臨床試驗第一階段（phase I）。

(四) 臨床試驗第二階段（phase II）。

(五) 臨床試驗第三階段（phase III）。

(六) 藥政管理機關（在美國為FDA）審核。

二、醫藥產業的特性

　　(一) 跨領域：醫藥從研發到製造銷售，集合了生物、醫藥、化學、材料、機械、儀器、資訊、統計、貿易、財務等跨領域的人才與技術。

　　(二) 產業關聯度高：醫藥產業應用層面非常廣，如食品、化妝品、農業、醫療保健、化工材料、機械儀器和資訊體系等產業，都涵蓋在它的範圍內。

　　(三) 資本密集：新藥研發複雜，所需時間長，所以製藥工業基本上是資本密集的產業，新技術的投資，一年可能耗費1億美元以上。

　　(四) 高利潤：醫藥產業的營運，產品的行銷、開發，不受外在經濟景氣的變化，而且在戰亂、天災和瘟疫時，需求反而大幅增加。

　　(五) 高風險：研製開發具有「雙重性」風險，第一重風險在於研發領域，第二重風險在於市場是否有不良的反應。總體而言，一個生物工程藥品的成功率僅有5-10%。

　　(六) 市場競爭激烈：治療疾病的醫藥，可能有許多不同的替代品，如何持續不斷的有最具療效的產品加入，對於能否永續經營則扮演相當重要的角色。

　　(七) 依賴制度：製藥業與各國的醫療健保制度，有非常密切的關係，諸如藥價政策的制定、健保補助的額度、藥品開放進口等。

　　(八) 特殊消費型態：為顧及使用的安全性及有效性，藥品的使用，必須經由專業的醫師開立處方，即使零售藥品也必須經由專業的藥師執業。

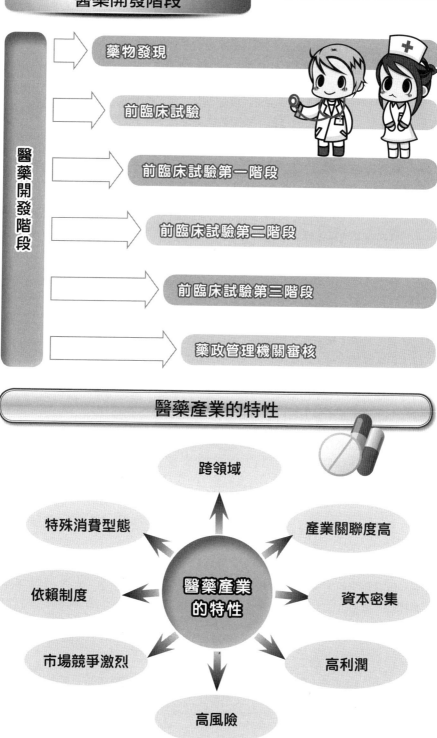

醫藥開發階段

醫藥開發階段

- 藥物發現
- 前臨床試驗
- 前臨床試驗第一階段
- 前臨床試驗第二階段
- 前臨床試驗第三階段
- 藥政管理機關審核

醫藥產業的特性

醫藥產業的特性

- 跨領域
- 產業關聯度高
- 特殊消費型態
- 資本密集
- 依賴制度
- 高利潤
- 市場競爭激烈
- 高風險

Unit **11-8**
觀光產業

　　觀光產業能帶來人潮，振興百業、增加就業人口。觀光產業是沒有口號的政治，沒有形式的外交，沒有文字的宣傳，沒有教室的教育，沒有煙囪的工業，其作用存之於無形，聚之於共識，影響力既深且遠。

　　一、觀光產業定義：根據我國發展觀光條例，觀光產業是指有關觀光資源之開發、建設與維護，觀光設施之興建、改善，為觀光旅客旅遊、食宿提供服務與便利，及提供舉辦各類型國際會議、展覽，相關之旅遊服務產業。

　　二、觀光產業特質：觀光產業的特質，主要有四項：(一) 資本密集；(二) 人力密集；(三) 知識密集；(四) 內需市場導向。

　　三、觀光產業之產業關聯：觀光產業具有服務業的火車頭產業之稱，因為該產業的產業關聯度極高。若以構成核心來看，觀光產業主要涉及：

　　(一) 旅行業，如雄獅旅行社。

　　(二) 旅館產業，如旅館及民宿。

　　(三) 餐飲服務產業，如士林夜市。

　　(四) 交通運輸產業，如海運、空運。

　　(五) 休閒遊憩產業，如劍湖山世界。

　　(六) 伴手禮產業，如鳳梨酥、茶葉。

　　四、觀光旅遊類型：(一) 登山健行之旅；(二) 沙龍攝影與蜜月旅行；(三) 銀髮族懷舊旅遊；(四) 保健醫療旅遊；(五) 追星哈臺旅遊；(六) 運動旅遊；(七) 鐵道旅遊；(八) 溫泉美食養生旅遊；(九) 生態旅遊；(十) 農業觀光；(十一) 文化學習之旅；(十二) 其他特色的旅遊型態，如衝浪、潛水、打工度假旅遊等。

　　五、發展觀光旅遊的條件：政府的總體規劃、硬體的設施及軟體方面，如觀光人才的培訓，都是應該注意到的。

　　(一) 觀光資源：高山、丘陵、峽谷、島嶼、平原、縱谷、瀑布、雨林等特殊之地質地貌。以我國來說，譬如太魯閣、日月潭和阿里山等著名景點。此外，自然生態資源，如蝴蝶、植物。

　　(二) 文化資產：文化是觀光的原動力，不同文化所發展出來的宗教、節慶、食物、藝術、工藝、建築、音樂、民俗及文學等，以及各種差異特色的名勝、古蹟和博物館，都能吸引觀光人潮。

　　(三) 美食：譬如義大利、法國、日本、泰國、越南、德國和瑞士美食等。

　　(四) 支援系統：鐵路、公路、海運和空運等接駁運輸工具與硬體設施。

　　(五) 服務素質：導遊人員和領隊人員。

觀光產業特質

資本密集	知識密集

觀光產業特質

人力密集	內需市場導向

觀光業之關聯產業

- 交通運輸產業
- 餐飲服務產業
- 旅館產業
- 醫療產業
- 旅行業
- 伴手禮產業
- 休閒遊憩產業

觀光旅遊類型

觀光旅遊類型

1. 登山健行
2. 蜜月旅行
3. 銀髮族懷舊
4. 保健醫療
5. 追星之旅
6. 運動之旅
7. 鐵道之旅
8. 溫泉美食養生
9. 特色旅遊
10. 文化學習
11. 農業觀光
12. 生態之旅

223

第 12 章
高科技產業

●●●●●●●●●●●●●●●●●●●● 章節體系架構 ▼

Unit 12-1　高科技產業定義與特質

Unit 12-2　雲端產業簡介

Unit 12-3　雲端產業SWOT分析

Unit 12-4　雲端產業發展策略

Unit 12-5　3D列印（3D Printing）科技與產業

Unit 12-6　3D列印特點

Unit 12-7　3D列印SWOT

Unit 12-8　機器人產業

Unit 12-9　無人機產業

Unit 12-10　生物科技產業

Unit 12-11　物聯網產業

Unit 12-12　人工智慧產業

Unit **12-1** 高科技產業定義與特質

一、高科技產業（high-technology industry）定義

高科技產業在中國又稱為「新興技術產業或高新技術產業」。高科技產業的定義，可分為三大類：

(一) 以產業投入為根據：主要是以研究開發費用占總產值（或銷售額）的比重、科技人員占總雇員的比重，或以高科技占產業的比重為指標。換言之，任何的產業，均可因大量投入研發，而成為高科技的產業。譬如，工研院在2014年2月成功研發出「近無碳損纖維素生質丁醇生產技術」，這種技術就是將稻稈、木屑、蔗渣等農林廢棄物作為原料，然後轉化分離為石油替代品丁醇，量產後成本低於臺幣20元，所以稻草變汽油具有重大利基。

1982年Sherman強調高科技產業，應符合三項條件：1.投注高比例資金於新技術的研究發展；2.投入較高比例的技術人力；3.產品產銷創新或發明新產品。

(二) 以產品性質為基礎：產品性質具高技術密集、高資本密集，而且新技術能創造市場與需求，及產品高附加價值率。相對的，「低科技」產業則是指，價格比較便宜、製作容易，且容易取得的設備。

(三) 明確列出高科技的產業：如OECD國際標準工業產品分類（International Standard Industrial Classification, ISIC）高科技產業，包含醫藥產品、辦公儀器與電腦、電子儀器、通訊設備、太空科技產品和科學器械。

二、高科技產業特質

高科技產業大多涉及跨領域的先進技術，具有七種性質：(一) 前瞻性——發展初期風險高，成長階段高利潤、成長爆發力強；(二) 國際競爭激烈——分工細密，產業內交易比例高，產業群聚效果大；(三) 高資本密集——形成市場進入的規模性與結構性障礙；(四) 技術密集導向——以研發人才為本，著重研發人員之團隊研發精神，投入高研發經費，產業間技術移轉須具備承接能力，形成技術差距門檻；(五) 知識導向——特別注重智慧財產權保護，以及注重生產線人員的再教育；(六) 速度導向——市場切入時機影響產業成敗甚鉅；(七) 產品生命周期短——產品市場變化快，產品生命周期短，長期價格有趨跌現象。

三、十大新興科技

2014年世界經濟論壇（WEF）新興技術全球議程理事會，列出該年十大可能改變未來生活方式的新興技術，這十大新興科技包括：大腦與電腦接合介面（brain-computer interfaces）、大規模海水淡化、超輕量汽車、電網級規模的儲電、穿戴式電子裝置、奈米線（nanowire）電池、無屏顯示器、人體微生物療法、核醣核酸（RNA）療法和預測分析。

高科技產業定義方式

高科技產業
定義方式 → 以產業投入為根據 → 資金 / 人力 / 創新

以產品性質為基礎

明確列出哪些是高
科技產業

高科技產業性質

前瞻性 ▶ 國際競爭激烈 ▶ 高資本密集 ▶ 技術密集 ▶ 知識導向 ▶ 速度導向 ▶ 生命周期短

十大新興科技

十大新興科技

① 大腦與電腦接合介面

② 大規模海水淡化

③ 超輕量汽車

④ 電網級規模的儲電

⑤ 穿戴式電子裝置

⑥ 奈米線電池

⑦ 無屏顯示器

⑧ 人體微生物療法

⑨ 核醣核酸療法

⑩ 預測分析

Unit 12-2
雲端產業簡介

　　「雲端運算」之所以如此被看重，關鍵在於透過網際網路呈現嶄新及時的服務新模式。雲端運算觸及各項產業的發展，是當前舉世矚目的新興重要產業。從硬體到軟體、從科技到金融，國際大廠前仆後繼，群起「造雲」。

一、雲端服務應用

　　目前「雲端」的運用，已逐漸在醫療、文教、電信、製造、金融與物流等領域，發揮其效能，譬如，電子病歷儲存、分析與交換之醫療雲、健康雲；數位內容 —— 網路音樂雲（music）、網路電視雲（TV）、網路遊戲雲（game）、電子圖書雲（e-book）；行動生活 —— 如普及全民便利行動生活之行動交通雲、行動觀光雲、行動商務雲等。

二、雲端運算意涵

　　雲端資料中心提供終端裝置無限的運算、儲存與應用程式延展能力。藉由結合服務模式之簡易終端（thin client）聯網，等同每個人可擁有一部虛擬超級電腦，雲終端產品創新，即將主導電腦終端市場。透過雲端產業所提供即時的服務特質，將使產業更具競爭力。

三、雲端應用的優點

　　(一) 提升偏鄉教育：在教育領域而言，雲端的好處是，可隨時隨地反覆觀看，加上省去舟車勞頓的時間。以2014年在立法院反服貿現場的學生為例，利用網路雲端服務，觀看線上課程，不因學運而荒廢課業。換言之，「教育雲」可縮減城鄉差距、實現數位機會均等。以偏鄉小學生為例，若能輕易地透過網路連接「教育雲」，進行自主學習，同樣可以接受到如臺北明星學校般的教育資源及教材。這對於提升偏鄉教育水準，一定可以發揮作用。

　　(二) 食品追溯履歷、健康雲效益：以建立豬肉的生產履歷為例，不論是養豬場、屠宰業、市場業，還是食品加工廠，只要將豬肉產品從養豬場到賣場，這一連串流程的所有資訊透明化，就可以讓一般民眾清楚知道所購買的豬肉是否有瘦肉精，或其他非法藥物摻雜其中，如此則能保障民眾食用臺灣豬肉的安全。

　　(三) 醫療雲：醫療雲商機龐大，讓傳統醫療電子產業的競爭產生新變化！目前在家照護系統、遠端監控系統，均透過雲端達到創新服務的營運模式。譬如，以中華電信與秀傳醫院的合作案為例，2012年秀傳醫院為了實施行動醫療照護，將iPad、iPhone導入醫生巡房應用，讓醫生攜帶平板電腦或智慧型手機，代替笨重的筆記型電腦，作為巡房時的資訊輔助設備，隨時連線查閱病人電子病歷、向病人解說病情。2013年秀傳讓護理人員使用iPad，配合護理資訊系統提升病患照護工作的效率，例如：向病患解說術前、術後的衛教資訊，或是查詢占床率、護理長值班日誌、交班資訊等。

　　(四) 交通雲推動效益：可即時掌握國道替代道路、省道、主要道路，及重要觀光景點區域聯絡道路等即時交通資訊，以提升即時交通資訊準確率。

雲端服務應用

醫療

物流

文教

金融

雲端服務應用

電信

製造

雲端應用

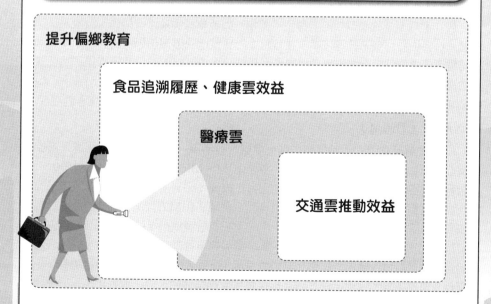

提升偏鄉教育

食品追溯履歷、健康雲效益

醫療雲

交通雲推動效益

Unit 12-3
雲端產業SWOT分析

　　雲端這個新興產業對我國而言，有機會、威脅、優勢及劣勢，以下針對我國雲端產業，提出SWOT分析。

一、優勢（Strength）

　　(一) 在雲端系統推動範疇中，資訊硬體部分涵蓋伺服器、儲存設備和電源管線設備等。我國為伺服器硬體與行動裝置生產大國，具備雲端資料中心伺服器、儲存、網路等硬體設備，自主製造與平價供應的能力。在「雲」的方面，就國際大廠供應鏈而言，對於雲端基礎設施所需的硬體，我國仍具有相當之競爭優勢。其實硬體大廠也可將雲端運算，視為硬體的「加值服務」，不僅可以擴大未來的產品線，也能增加使用者忠誠度。(二) 我國企業具備雲端運算，及相關應用軟體等發展能力。(三) 政府推動網路通訊國家型計畫，使得我國資通訊建設完備、資訊人才素質整齊，臺灣適合作為雲端服務創新的實驗基地。

二、劣勢（Weakness）

　　(一) 缺乏大型系統軟體研發人才，與缺乏大型系統軟體的產品開發，及計畫管理經驗。(二) 雲端運算需要高額固定設備資本投資，回收時間長，我國一般企業不容易單獨進軍雲端服務市場。(三) 雲端產業創造軟、硬體整合雲端服務，是我國資訊產業不擅長的項目。(四) 雲端運算技術研發起步晚，追趕不易。(五) 企業需求尚未明確，頻寬費用高，內需市場小，潛力用戶業者與軟體廠商保持觀望態度。

三、機會（Opportunity）

　　(一) 我國是雲端資料中心元件生產基地，如能掌握雲端系統架構、大型系統管理軟體、資料中心作業系統等技術，在資料中心完整解決方案市場，將具成本優勢；國內可投入研發資源，發展出平價優質的資料中心系統。(二) 基於我國資訊終端裝置，製造優勢與服務業深厚知識，師法應用軟體市集成功模式，以硬帶軟，引進中小型軟體業者創新應用軟體，可提升我國製造終端裝置附加價值，亦帶動軟體業蓬勃發展。

四、威脅（Threat）

　　(一) 從傳統軟體公司轉型到雲端，微軟、亞馬遜、Google……全都進入雲端領域廝殺，所以競爭非常的激烈。國際大廠如IBM、Microsoft軟體實力與投資大，也都相繼發表雲端作業系統。我國業者缺乏自主技術，相對落後。(二) 中國業者已開始投入雲端運算發展，譬如，聯想以23億美元，併購了IBM的伺服器部門，完成雲端產業布局。有許多大廠已成立雲端計算中心，並已有研發成果。(三) 臺灣沒有自主的雲端資料中心（data center）建設能力，數位資料將掌握於國際大廠手中，國際大廠將長驅直入內需市場，國內資訊服務業恐將沒落。(四) 在資訊科技快速發展趨勢下，巨量資料及雲端運算的運用，使得資料儲存量呈現爆炸性的成長。但近年來，一連串的安全漏洞事件，正凸顯雲端儲存的威脅。

雲端產業SWOT指標解析

SWOT指標內容解析

S優勢

- 硬體設備能自主自製
- 軟體應用發展能力
- 資通訊人才素質整齊

W劣勢

- 缺乏大型系統軟體研發人才
- 高額固定設備資本投資
- 軟硬體整合能力不足
- 雲端研發起步較慢
- 內需市場小

O機會

- 發展資料中心系統
- 以硬體成功模式，發展相關軟體產業

T威脅

- 競爭激烈
- 中國發展快速
- 缺乏雲端資料中心建設能力
- 安全漏洞

Unit **12-4**
雲端產業發展策略

一、建立產業共通平臺：我國擁有豐沛的軟硬體人才，世界第一的資訊硬體硬實力，與領先亞太的資訊國力軟實績，加上雲端運算技術，及服務的發展與運用，全球皆剛起步，所以我國中小企業亟需建立一個產業共通平臺，才能凝聚力量，形成產業鏈。

二、建構創新應用的開發能量：累積產業界創新應用開發能量，投入雲端開發測試平臺，提供應用開發測試環境。重點工作以推動應用為主，平臺與基礎建設為輔。在應用層方面，協助國內應用軟體業者，達到雲端服務功能與能量，具備服務擴充性與使用者區隔；在平臺層與基礎層方面，在多方磨練與務實評估前提下，盡量使用國內硬體設備與軟體研發成果。

三、落實雲端基礎建設：雲端重要的基礎建設，像光纖等有線及無線大寬頻網路及資料中心等，若能鼓勵伺服器硬體業者，從事雲端相關設備的研發與製造，並積極拓展國內外市場，則更能加速推動雲端產業的發展。

四、發展五大核心架構：在發展雲端產業時，從應用到基礎建設，可分為五大階層性架構。由上而下，分別是應用服務、技術、底層軟體、硬體及機房等。最上層的應用服務，著重應用創新的雲端開發，需要有具體的創意；第二層是應用系統的開發；第三層是底層軟體，並將研發成果導入實際應用，最好能打開國際市場。第四層是以經濟實惠的價格，搭配軟體提供雲端自動擴展的解決方案；第五層是機房建置與管理，著重在節能效率、機電穩定度、機房管理等服務品質。

五、掌握技術發展方向：雲端技術發展可朝三大方向努力：(一) 虛擬化：如何讓共享伺服器能更有效率？雲端儲存要如何發揮性能？(二) 管理：如何管理虛擬化？(三) 平行運算：把大計算分成許多小計算。

六、「使用者中心」的創新：雲端服務提供者未來走向，將以「使用者中心」為服務設計考量。為針對不同雲端應用需求（例如：IT產品設計、供應鏈、物流運籌等），將提供上、下游業者，客製化的雲端資料中心服務，滿足特定企業族群的雲端服務需求。

七、協助業者創新營運模式：雲端硬碟服務模式為服務業者以免費或收費的方式，提供雲端空間供使用者將其檔案上傳、儲存、編輯和分享等使用。

八、標準化的雲端資料中心：支持合作研發開放式雲端作業系統軟體，參與國際組織，治談標準，以建造標準化的雲端資料中心。

九、凸顯資訊安全的重要：雲端如果不安全，傷害層面極廣。在資訊安全的部分，應從資訊管理、作業流程、發展目標、效能表現及風險與營運持續性等多個層面，進行全面的防範。

雲端產業發展策略

① 建立產業共通平臺

② 建構創新應用的開發能量

③ 落實雲端基礎建設

④ 發展核心架構

⑤ 掌握技術發展方向

⑥ 以「使用者為中心」的創新

⑦ 協助業者創新營運模式

⑧ 標準化雲端資料中心

⑨ 凸顯資安重要

雲端核心架構

應用服務　開發應用系統　軟體　方案雲端解決　與管理機房建置

雲端技術發展方向

雲端技術發展方向

虛擬化

平行運算

管理

Unit **12-5**
3D列印（3D Printing）科技與產業

圖解產業分析

一、3D列印產業重要性： 2011年具高影響力的《經濟學人》雜誌，將3D列印比喻為第三次工業革命。2013年2月，美國總統歐巴馬在國情咨文中，特別強調「3D列印能替美國製造業，帶來新機會！」

二、3D列印基本程序： 有別於一般平面列印，3D列印透過塑料堆疊，讓電腦中的3D設計圖，成為立體的實際成品，直接減少開模所需耗費時間與成本。

(一) 設計所需零件的電腦立體模型（數字模型、CAD模型等）：使用電腦輔助設計（CAD），或電腦動畫等軟體來建立模型，然後再將建成的3D模型，分割成一層一層的橫截面，最後將這個訊號傳送到3D印表機。

(二) 完成電腦3D建模操作後，將列印指令發送到3D印表機上，進行檔案轉換，再結合切層軟體，確定擺放方位和切層路徑，進行切層工作和相關支撐材料的建構。其原理是將塑料加熱，以積層製造（additive manufacturing）的技術，以平面一層一層往上堆疊，製造出連續且多層的立體物件。

若是遇到無法掃描完整的情況，由於在3D印表機列印平臺下方，有兩組雷射成像單元的影像調整軟體，會自動修補圖檔，以維持物件表面平滑度。

(三) 透過噴頭，將固態的線形成形材料進行加工，形成半熔融狀態後再擠出，並一層一層由下往上堆疊在支撐材料上，最後硬化烘乾處理。比傳統製造技術更快、更有彈性，以及成本更低。

三、3D列印運用： 3D列印技術的普及與價格的下降，使其更有機會應用在珠寶首飾、鞋類、工業設計、建築、汽車、航太、牙科及醫療等產業。

(一) 醫療：以墊下巴手術為例，傳統手術傷口至少3-8公分，耗時1-3小時，必須用線或骨釘固定下巴模，更有容易位移或拉傷下顎神經，導致嘴麻半年以上等後遺症。如今將3D列印技術導入下巴整形，在術前透過3D影像模擬、3D電腦斷層掃描，取得術前、術後的體積差異資料，然後利用3D列印技術，印出患者的下顎骨，客製塑形的下巴模，可縮短開刀時間在40分鐘內，傷口小於3公分。

(二) 戰鬥機：2013年12月英國颶風戰機已測試完成3D列印所製作的飛機消耗品。這次所用的3D列印戰機部件，包括動力傳動軸保護裝置、機艙無線電保護蓋。3D列印可以降低30%的零件重量，進而節省燃油成本；能夠短期內，輕易印出精密零件；無需製模和複雜傳統工序，使複製品用於試驗次數增多。

(三) 藝文領域：導演李安先生拿下奧斯卡導演獎——「少年PI的奇幻漂流」電影，曾運用各種3D不同動物與場景模型。此外，《霹靂奇幻武俠世界——布袋戲藝術大展》，近2公尺的素還真模型，就是以3D列印的技術製作而成。

(四) 活體藝術品：拜科技之賜，藝術家用梵谷後代的軟骨DNA，加上3D列印技術，複製出梵谷失去的左耳，2014年6月4日在德國一家博物館展出。

3D列印重要性

| 《經濟學人》雜誌 | 第三次工業革命 |
| 歐巴馬總統 | 美國製造業新機會 |

3D列印特點

- 快速
- 客製化
- 堅固
- 少量
- 輕便
- 低成本
- 彈性

3D列印運用

3D列印運用

- 醫療（牙科）
- 設計
- 鞋類
- 國防（戰鬥機）
- 珠寶
- 藝文
- 建築
- 汽車

Unit 12-6
3D列印特點

一、大幅簡化零件：一般標準汽車的設計，都由成千上百個零件所組成。3D列印技術可以讓一部汽車僅需五十多個零件，即可組裝完成。

二、降低成本：硬體成本降低，正是3D列印普及的關鍵原因。NASA（美國國家航太總署）表示，採用3D列印製造火箭發動機噴嘴，生產時間能夠縮短到四個月，而採用傳統的工藝，所花費的時間要超過一年，而成本則減少了70%。

三、省去複雜製作過程：3D列印技術澈底省去複雜零組件冗長的製作過程。它除了可以輕鬆列印出複雜的零件外，其一體成形的技術，更突破傳統需以毛坯加工的麻煩程序，讓後期輔助加工量降低。對高技術產業而言，還可以避免委外加工，造成技術外洩的風險，尤其適合高科技產業的創新與研發，如科技、軍事工程。

四、快速製程：就算不懂電腦繪圖，只要經過3D影像掃描，短短數分鐘，就可將真實人、事、物，立體呈現在螢幕上，同時也可在電腦裡繪出作品立體設計圖，而3D列印機就可依圖列印出實品。在最有效率的空間，和材料運用狀況下，原型製造時間預估可加速十倍以上，而且會有越來越多的運用，可透過3D列印技術實現。3D列印技術大幅縮短，設計到製造之間的步驟，並做出傳統製造方法所無法達成的複雜幾何形狀。3D技術使得製程加快，因此，相當適合新產品的研發、測試，並可以降低企業新品開發成本。

五、運用廣泛：3D列印不侷限於工業，可廣泛運用於汽車、航太、珠寶等產品，而且其列印產品，更輕便、堅固、客製化。所以不管是家中IKEA桌子，所遺失的小螺絲起子，還是隨身行動裝置的耳機，未來都可以透過列印技術重新取得，3D列印將成為你我家中的「個人特力屋」。

六、客製化：隨著個人主義抬頭，少量多樣的客製商品，已成為消費的新趨勢。有了3D列印技術，就可以協助年輕設計師，使得打樣能夠更容易。2014年的米蘭家具展，展出由3D列印做出來的家具，打造迷人的「專屬家具」。

七、創業更容易：只要有一臺3D列印機，透過3D列印繪圖軟體的設計，人人都可以自行設計、開發、生產出獨一無二的立體產品。由於無需開模，且沒有最低生產件數的限制，一臺只要6萬多元的3D印表機，一綑1,500元的塑料（約可做30個手機殼），每個人都能在家裡打造一座個人工廠。

3D列印優點

3D列印優點

優點 ① ⇨ 簡化零件

優點 ② ⇨ 降低成本

優點 ③ ⇨ 省去複雜製作過程

優點 ④ ⇨ 快速製程

優點 ⑤ ⇨ 運用廣泛

優點 ⑥ ⇨ 客製化

優點 ⑦ ⇨ 創業更容易

減低複雜製程優點

省時

降低勞動成本

降低技術外洩

Unit **12-7**
3D列印SWOT

　　3D列印技術已經啟動第三次的工業革命！美國、新加坡和中國等政府，都傾全力發展3D列印產業，臺灣當然也不能置身事外。以下是關於我國3D列印的SWOT分析。

一、優勢（Strength）

　　2014年6月舉行的「臺北國際光電週」，我國已設置「臺灣3D列印展區」，這顯示3D列印技術與機器的能力，並有具體策略來增加國內廠商曝光度，與提升臺灣產業形象。我國3D列印產業的優勢主要有四點。

　　(一) 擁有良好的硬體開發經驗與技術，列印使用的材料研發等相關的人才，也極為充沛；(二) 3D列印技術讓設計與製造這兩個層面能夠緊密結合，對於我國中小企業可免於技術與成本限制，因此能發想更多新穎的產品與服務；(三) 我國擁有筆電與桌機製造代工優勢，如能進一步整合光學模組、鏡頭模組，以及3D影像擷取模組組裝能力，將能建構完整3D產業鏈；(四) 產業群聚略具雛形：2011年，工研院已積極投入3D列印技術，並成立國內第一個3D列印製造產業群聚，目前已經有36家企業與機關參與，希望能開啟臺灣3D列印發展契機。

二、劣勢（Weakness）

　　(一) 技術專利：3D列印從美國發跡，美國廠商就屬3D System與Stratasys最大，以塑膠原料為主，而金屬原料列印技術就屬歐洲的德國、英國最為著名。由於臺灣研發3D列印設備時程，比歐美國家來的稍晚，這使得在研發3D列印設備時，很容易觸及或侵犯到國外廠商的專利技術。

　　(二) 創新整合能力弱：以往的代工思維，以及缺乏整合應用的人才，及其所需要的軟實力。

　　(三) 材料有待加強：在3D列印加值應用服務，與具耐高溫、高硬度列印材料的布局力道，略顯不足。

三、機會（Opportunity）

　　市場規模急速擴大，是我國產業重大發展機會。儘管現階段3D產業才剛起步，但未來必然呈倍數成長。全球3D列印機市場規模，從2014年的約10萬臺，成長至2018年的600萬臺。市場商機除3D印表機外，還包含輔助技術與衍生服務，未來市場成長潛力極大。根據PIDA光電協進會統計，2020年可達到約110億美元的規模。

四、威脅（Threat）

　　3D列印裝置或武器藍圖，就可以製作具殺傷力的武器，將影響國家、人民安全。尤其像美國拿槍亂射，或臺北捷運鄭捷的殺人案件，都會造成隱憂。如何有效管理，以防範3D列印成為社會安全的隱憂，成了產業重要課題。

3D「SWOT」分析

3D「SWOT」分析

S 優勢

- 人才
- 可免於技術成本限制，適合中小企業
- 產業鏈完整
- 產業群聚

W 劣勢

- 技術專利
- 創新整合能力弱
- 材料待加強

O 機會

- 規模急速成長

T 威脅

- 安全隱憂

機器人產業

　　日本總理安倍晉三（Shinzo Abe）在2014年6月宣布，2020年機器人製造產值要拉高到目前的三倍（2012年約7,000億日圓， 2020年增至2.4兆日圓），而且希望讓機器人成為經濟重要的成長支柱。同時在2020年舉辦東京奧運時，同步主辦機器人奧運。機器人產業也儼然成為下一個科技明日之星，而且可能繼半導體及平面顯示器之後，成為我國第三個兆元產業。

　　一、機器人產業發展主因：最主要的原因是：(一)「3D產業」（dangerous、dirty、difficult）勞工需求量大；(二) 勞動力缺乏與工資成本提高；(三) 高齡化社會逐漸到來；(四) 產業升級。

　　二、機器人產業結構：機器人產業屬於跨領域整合、高技術整合、高附加價值等特質。(一) 上游：感測元件、控制元件及人機介面整合驅動元件；(二) 中游：生產和組裝；(三) 下游：維修服務、行銷及通路。

　　三、市場需求趨勢：(一) 歐盟：歐洲許多國家都面臨產業外移、失業率上升的困境。為此，歐盟為能夠讓產業「根留歐洲」，決定把歐盟經濟發展任務的其中一部分，賭在機器人產業之上。歐盟副總裁妮莉・廓斯（Neelie Kroes）於2014年6月3日宣布，啟動全球最大的機器人研發計畫，總投資額達28億歐元，相當於約新臺幣1,136億元。(二) 中國：中國因人口紅利逐漸消失，人力成本上升，中國當局對推動研發機器人態度積極。

　　四、機器人優點：不需吃飯，也不需點燈，效率極高，而且也不用付勞退等成本。此外，還有五大優點：(一) 提高生產效率；(二) 精確可控的生產能力；(三) 提高產品質量；(四) 可擔任枯燥無味的工作；(五) 可在高危險的情況下持續工作。

　　五、應用範圍：儘管目前全球機器人發展，都僅在初期階段。譬如，廚房削麵機器人、炒菜機器人、總機機器人及保全機器人，甚至僕人都可能變成機器人。目前美國麻省理工學院（MIT）打造了全球第一個家庭機器人，這個機器人名字叫「Jibo」，它不但會打掃，和人類聊天互動，還可以幫忙拍照，收發電子郵件，它也會辨別不同家庭成員，還能和人類達成情感交流，並提供量身打造服務，定價約在499美元（相當於臺幣15,000元）。而未來機器人會普遍運用在各行業，特別是一成不變的工作，會被機器人取代。

　　六、發展趨勢：鴻海內部工廠用的工業機器人，每年以3萬臺數量增加。未來機器人會有感覺、有判別能力、有學習能力，與作業員「並肩合作」，不僅改變生產工序，加上系統管制及管理演進，將變成智慧工廠。

機器人發展&優點

機器人 發展主因

① 3D產業（dangerous、dirty、difficult）勞工需求量大

② 勞動力缺乏與工資高

③ 高齡化社會

④ 產業升級

機器人產業結構

機器人產業結構

上游
① 感測元件
② 控制元件
③ 驅動元件

中游
① 生產
② 組裝

下游
① 維修服務
② 行銷
③ 通路

機器人優點

| 提高 生產效率 | 精確 生產能力 | 提高 產品質量 | 可擔任 枯燥工作 | 危險情況 下工作 |

Unit **12-9**
無人機產業

　　無人機已經從軍用設備變成日常生活用品。早先被視為軍事武器的無人機，現在在商業、民生事務領域扮演重要的角色。例如：運送包裹、檢查公路橋梁、或是拍攝有趣照片。

一、無人機產業結構

　　包括機體結構、發動機和航空電子等，以及相關特殊用途的配備等，四大子系統的研發與生產。

二、用途

　　(一) 農業：無人機可應用在廣闊土地上的農業種植上，以及瞭解施肥和灑農藥的情況。

　　(二) 物流：亞馬遜公司（Amazon）執行長貝佐斯（Jeff Bezos）指出，該公司計畫用無人機來寄送小型包裹，而且要在30分鐘內，送達消費者手上。無人機的飛行時速，達80公里以上，載重量達2.27公斤。

　　(三) 災難救援：彌補了衛星、飛機攝影和地面觀測的不足，可運用於救火、道路巡邏和颶風追蹤。

　　(四) 環境保護：可運用於地質考察、森林濫砍濫伐或汙染、追蹤瀕臨絕種生物及揪出盜獵者。

　　(五) 提供偏遠區域上網服務：通過無線訊號向缺乏，有線和行動網路的地方，提供無線上網的服務。

　　(六) 擊殺恐怖份子：透過無人機可蒐集情報，也可擊殺恐怖分子。而且比一般飛行員所開的飛機成本低、效率好、無人員傷亡風險、生存能力強、機動性能好且使用方便，在現代戰爭中有極其重要的作用。

三、無人機產業發展趨勢

　　(一) 以無人機作為指揮平臺，進行現場行動指揮；(二) 為驅散群聚的暴民，以無人機搭載極高分貝的刺耳聲音，透過擴音器，向低空暴民播放。這可用在越南臺商反制暴民，也可作為警察之用；(三) 在重要交通要道，以布條式或廣播式，進行相關商業廣告；(四) 洪峰來到前，通知山中人避難之用（搭配擴音器）。

四、推動無人機發展動力

　　(一) 國防軍事力量：用於祕密偵查或軍事突擊；(二) 跨國大企業等財團：包括亞馬遜（Amazon）、谷歌（Google）及優比速（United Parcel Service Inc.）等，都在測試無人機送貨服務，而且谷歌公司於2014年4月14日宣布，收購飛行高海拔太陽能無人飛機製造商泰坦宇航公司（Titan Aerospace）；(三) 政府救災：2014年7月南韓宣布，將800億韓元投入救災、紓困機器人相關的研發。

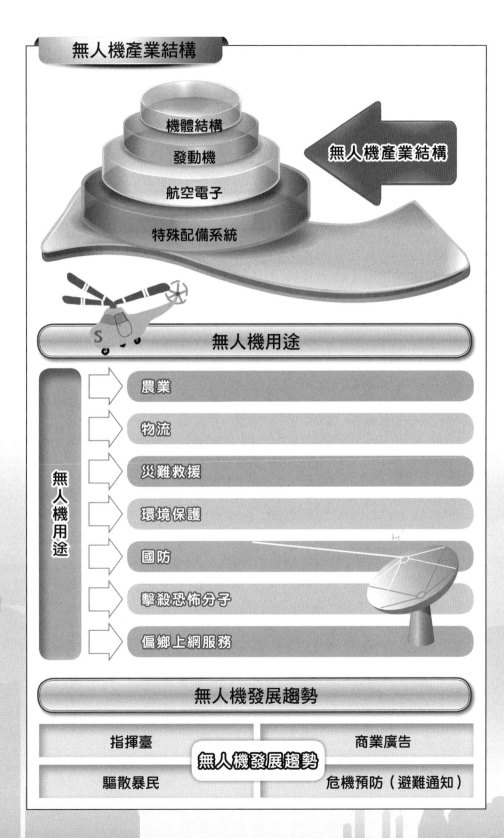

無人機產業結構

機體結構
發動機
航空電子
特殊配備系統

無人機產業結構

無人機用途

S

農業

物流

災難救援

環境保護

國防

擊殺恐怖分子

偏鄉上網服務

無人機用途

無人機發展趨勢

指揮臺	商業廣告
驅散暴民	危機預防（避難通知）

無人機發展趨勢

Unit 12-10
生物科技產業

　　「生物科技產業」是以生命科學為基礎而衍生的產業，以及全球生命科學的研究發展，對於人類未來生活將會產生重大的影響，且隨著人類基因體的解碼，生物科技將成為本世紀最受重視的新興科技產業之一。

　　一、生物技術意義：我國對於生物技術一詞，就科技層面的定義而言，可區分為廣義與狹義的生物技術。廣義的生物技術，是綜合微生物學、動物學、植物學、細胞學、化學和物理學，乃至工程學等科學而成的技術學門。而狹義的生物技術，指的是新發展的關鍵技術，如遺傳工程技術、蛋白質工程技術及細胞融合瘤技術等。總而言之，生物技術是利用生物程序、生物細胞或其代謝物質，來製造產品及改進人類生活品質的科學技術。

　　二、生物技術產業範疇：生物技術產業的範疇，主要涵蓋三大面向：
　　(一) 製藥產業；
　　(二) 醫療器材產業；
　　(三) 應用生技產業：該領域主要涵蓋生技／醫藥服務業、特化生技、食品生技、農業生技和環保生技等。

　　三、生技產業特色：生技產業的特色是投資大、風險大、獲利遲。

　　四、生物技術領域：主要涵蓋人類保健（human therapeutics），如高附加價值的化妝、保養品；醫療設備和診斷（medical devices and diagnostics）；工業應用（industrial applications）；農業生技（agricultural biotech）；食品技術（food technology）；清潔技術（cleantech）等六大領域。

　　五、生技產業成功關鍵因素：明星級產品的開發，是生技業者的重要命脈。其關鍵成功因素為：「製造研發創新能力」、「製造品質掌握能力」、「產品商品化能力」、「技術研發與創新能力」、「技術、研發人員素質培養能力」，以及「高階主管的特質」等六項。

　　六、國家生技大戰略：臺灣生技醫藥產業基礎架構已漸趨完整，而且生產製造技術已達世界標準。目前國家生技大戰略，主要有六：
　　(一) 促成生技、西藥、中草藥及醫療保健等擴大投資。
　　(二) 發展特色產品。
　　(三) 協助促成新產品開發或技術移轉案。
　　(四) 催生旗艦型公司。
　　(五) 舉辦生技醫藥產業國際生技論壇／研討會。
　　(六) 成立「生物技術產業單一窗口」，提供產業諮詢服務，並協助解決困難。

生物技術產業範疇

1.製藥產業

2.醫療器材產業

3.應用生技產業

生技產業特色

生技產業特色

投資大

風險大

獲利遲

生技產業成功關鍵因素

1.製造研發創新能力

6.高階主管特質

2.製造品質掌握能力

生技產業成功關鍵因素

5.人員培養能力

3.產品商品化能力

4.技術研發與創新能力

物聯網產業

圖解產業分析

　　物聯網（Internet of Things, IoT）是繼智慧型手機後，下一個帶動產業升級的火車頭產業。因為物聯網所創造出來的新服務模式，已創造出龐大的商機。目前「物聯網」因智慧型手機及平板電腦等行動裝置數量的大幅成長，而讓「物聯網」版圖得以擴展，同時也大幅增加產業的工作機會。

　　一、物聯網市場規模：由於物聯網所創造新的應用服務，已開發出未來龐大商機。2009年中國正式將物聯網納入國家的十二五規劃，確立了物聯網新興戰略的產業地位。目前推估2020年全球物聯網市值，將達7.1兆美元。以臺灣的物聯網市場規模而論，從2013年的1.5億美元，增長到2017年的2.9億美元，年複合成長率達19%，商機極為龐大。

　　二、物聯網應用領域：不管是人跟人、物跟物、人跟物之間，物聯網都能把人跟服務迅速聯繫起來，以提供最即時、最細緻的服務。譬如，夏天人未到家，就可以透過「物聯網」開啟冷氣，使人一回到家，就覺得整體環境很舒適。

　　過去物聯網主要應用於供應鏈管理、安控、醫療為主，未來將應用於政府工作、公共安全、交通監控、工廠自動化、智慧建築、零售及民生產業。

　　三、物聯網的關聯產業：主要涉及八大產業，這八大產業是IC設計、觸控面板、感測器、智慧型手機、平板電腦、穿戴裝置、網通設備及雲端運算等。

　　四、物聯網技術：物聯網是電腦與通訊產品，朝行動化、聯網化及智能化發展的統整。這涉及軟體與硬體的整合，包括感測技術及透過智慧型手機等無線傳輸，或有線的區域網路，將資訊傳送至網際網路，並結合雲端儲存及雲端巨量處理能力，有效的將資料轉化為個人、居家、社區及城市等整體環境多元服務應用。最後透過網路將結果傳遞給使用者，以創造優質的生活。

　　五、物聯網產業鏈：「物聯網」是藉由多種技術，共同實現的新型態網路科技概念，這包括寬頻網路、感測技術、無線射頻辨識技術（RFID）、高精度感測、衛星通訊、即時無線傳輸、標準化機器對機器和奈米級高智能嵌入等技術。所以綜合來說，物聯網產業鏈包括元件製造、設備、系統整合、網路營運、終端設備與應用服務等環節，其中元件製造涵蓋RFID、通訊晶片、感測器和GPS等技術。

　　六、產業競爭力思考：各產業都應該加強物聯網應用，來提升國際競爭力。否則，當其他國家的競爭對手開始利用導入物聯網，來加快產品生產或提升客戶滿意度時，若我國企業仍沒跟上腳步，恐將因為競爭力的不足，而面臨經營的危機。

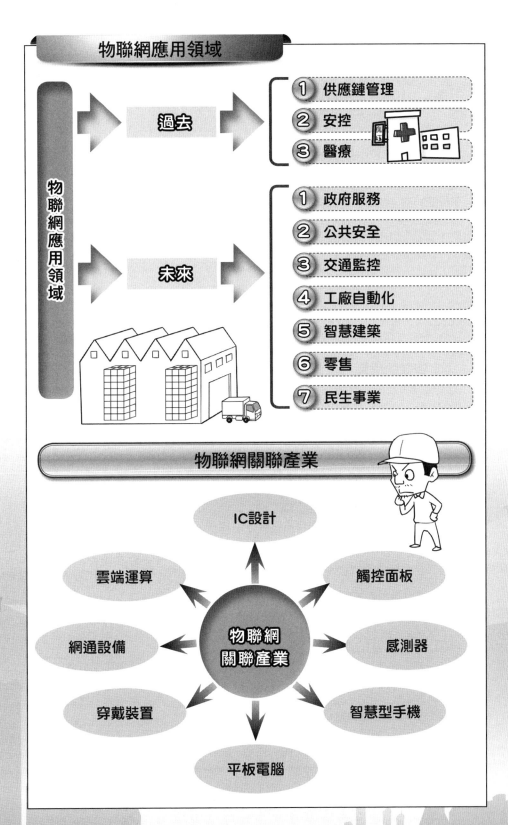

Unit 12-12
人工智慧產業

圖解產業分析

　　人工智慧（Artificial Intelligence，簡稱 AI）也稱為機器智慧，它的發展從2010年無人自駕車在美國公路測試，以及2016年ALPHAGO擊敗人類圍棋棋士李世石後，使舉世都見識到人工智慧的威力。許多研究報告顯示，人工智慧在未來的工作職場，將扮演一個重要的應用工具、輔助角色。

　　從2017年開始，英國、法國、中國、芬蘭、日本等國，均紛紛推出相關的發展策略。韓國在2018年則由該國未來創造科學部提出「創新成長引擎」，其主題有四個：1.智慧基礎建設；2.智慧型行動載具；3.服務一體化；4.產業基礎等。我國在2018年1月18日科技會報辦公室，也提出為期四年的「臺灣人工智慧行動計畫」。主要聚焦在「人工智慧人才衝刺」、「人工智慧領航推動」、「建構國際人工智慧創新樞紐」、「場域與法規開放」、「產業人工智慧化」等五項重點工作。已規劃從2018-2022年，每年投入100億臺幣預算。研發投入部分則聚焦在臺灣既有堅強基礎的半導體技術，研發高功率、低耗能的人工智慧晶片（半導體射月計畫）等產業！

一、人工智慧的優點

　　人工智慧是利用計算機，來模擬人的某些思維過程或是智能行為，以製造出類似人腦的智能。它擁有快速的記憶力和高容量儲存力、在計算上有高度的準確性和無差誤性，且能夠長時間工作。人工智慧服務主要參與產業的型態，大致可分為三類角色：(一) 科技供應者：技術躍進以驅動產業變革；(二) 生態開創者：顛覆已有的商業模式，翻轉消費經濟；(三) 新進競爭者：服務創新以填補市場缺口，最主要是因為人工智慧可創造四大優勢：1.個性化；2.精準發現；3.便捷廉價；4.與時俱進。

二、人工智慧已實際應用的範疇

248

　　最具體的有(一) 市場分析／行銷活動：大量輿情（語意）分析、程式化廣告投放；(二) 銷售及通路管理：全通路／多通路營運、通路預測模型、無人商店；(三) 產品及服務研發：數據導向設計、機器學習模型、智慧裝置軟硬體整合；(四) 客戶服務及客戶關係管理：智慧客服、無人機／機器人、客戶預測模型；(五) 製造及供應鏈管理：智慧設備、供應預測模型、維運管理模型；(六) 物流運輸管理：倉儲機器人、運輸最佳化模型、無人卡車駕駛。

三、人工智慧影響的產業

　　將連帶牽動涵蓋智慧型基礎建設，及其相關的大數據、下世代通訊等產業相關；在智慧行動載具方面，與自動駕駛車、無人機等產業相關；在整合服務型產業方面，與個人化醫療、智慧城市、虛擬與擴增實境、智慧型機器人等產業相關；其他與智慧型半導體、創新新藥、新型與再生能源等產業相關。

四、人工智慧對其他產業的威脅

　　最大的威脅是，重複性高、簡單（單一性）、目標明確等特性的工作。就近程來說，人工智慧將會取代人類，而造成普遍的失業問題。就遠程的擔憂來說，人工智慧的發展一旦失控，將成為未來災難。

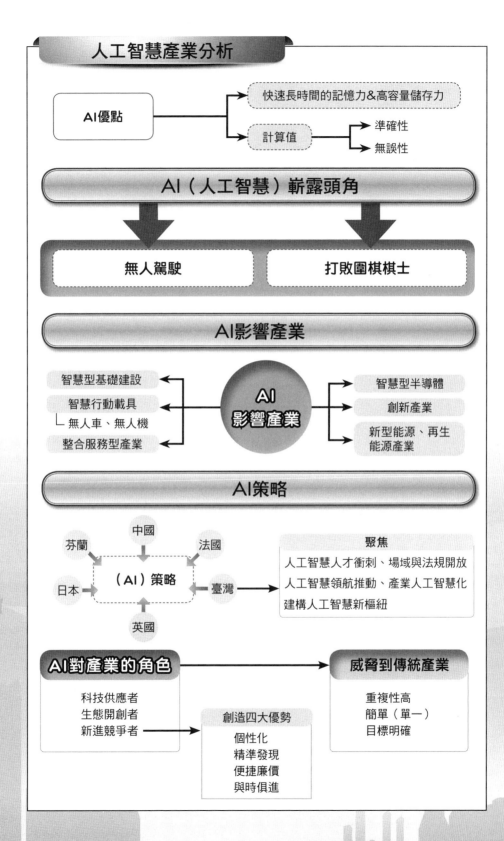

人工智慧產業分析

AI優點
- 快速長時間的記憶力&高容量儲存力
- 計算值
  - 準確性
  - 無誤性

AI（人工智慧）嶄露頭角
- 無人駕駛
- 打敗圍棋棋士

AI影響產業

AI影響產業
- 智慧型基礎建設
- 智慧行動載具
  └ 無人車、無人機
- 整合服務型產業
- 智慧型半導體
- 創新產業
- 新型能源、再生能源產業

AI策略

（AI）策略
- 中國
- 芬蘭
- 法國
- 日本
- 英國
- 臺灣

聚焦
人工智慧人才衝刺、場域與法規開放
人工智慧領航推動、產業人工智慧化
建構人工智慧新樞紐

AI對產業的角色 → 威脅到傳統產業

科技供應者
生態開創者
新進競爭者 →

創造四大優勢
個性化
精準發現
便捷廉價
與時俱進

重複性高
簡單（單一）
目標明確

國家圖書館出版品預行編目（CIP）資料

圖解產業分析/朱延智著. -- 三版. -- 臺北市：
五南圖書出版股份有限公司, 2025.01
　　面；　公分
　　ISBN 978-626-393-975-2(平裝)

1.CST: 產業分析

555　　　　　　　　　　113018198

1FTK

圖解產業分析

作　　者：朱延智

編輯主編：侯家嵐

責任編輯：吳瑀芳

文字校對：陳俐君

封面設計：姚孝慈

出 版 者：五南圖書出版股份有限公司

發 行 人：楊榮川

總 經 理：楊士清

總 編 輯：楊秀麗

地　　址：106臺北市大安區和平東路二段339號4樓

電　　話：(02)2705-5066

傳　　真：(02)2706-6100

網　　址：https://www.wunan.com.tw

電子郵件：wunan@wunan.com.tw

劃撥帳號：０１０６８９５３

戶　　名：五南圖書出版股份有限公司

法律顧問：林勝安律師

出版日期：2015年 1 月初版一刷（共三刷）
　　　　　2019年 10 月二版一刷（共二刷）
　　　　　2025年 1 月三版一刷

定　　價：新臺幣360元

經典永恆·名著常在

五十週年的獻禮 —— 經典名著文庫

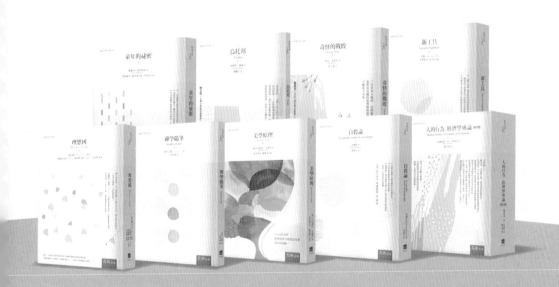

五南，五十年了，半個世紀，人生旅程的一大半，走過來了。

思索著，邁向百年的未來歷程，能為知識界、文化學術界作些什麼？

在速食文化的生態下，有什麼值得讓人雋永品味的？

歷代經典·當今名著，經過時間的洗禮，千錘百鍊，流傳至今，光芒耀人；

不僅使我們能領悟前人的智慧，同時也增深加廣我們思考的深度與視野。

我們決心投入巨資，有計畫的系統梳選，成立「經典名著文庫」，

希望收入古今中外思想性的、充滿睿智與獨見的經典、名著。

這是一項理想性的、永續性的巨大出版工程。

不在意讀者的眾寡，只考慮它的學術價值，力求完整展現先哲思想的軌跡；

為知識界開啟一片智慧之窗，營造一座百花綻放的世界文明公園，

任君遨遊、取菁吸蜜、嘉惠學子！